Economía social en el País Vasco

Biblioteca Euskal Erria
Universidad CLAEH
Serie Cultura Vasca, n.º 2

Economía social en el País Vasco

Aitor Bengoetxea
(editor)

Euskal Erria
Universidad CLAEH

Montevideo
2018

Biblioteca Euskal Erria
Universidad CLAEH
Serie Cultura Vasca, n.º 2

Biblioteca Euskal Erria
Solano García 2643/101,
11300 Montevideo, Uruguay
Tel.: +598 2908 7977

Primera edición. Primera impresión
Impreso en América

ISBN-10 primera edición: 1-7329051-0-X
ISBN-13 primera edición: 978-1-7329051-0-8

Índice

Introducción

En el ámbito de la economía social, y, más concretamente, del cooperativismo, Euskal Herria se ha convertido, seguramente sin pretenderlo, en referente mundial. Ha sido el dinamismo de la iniciativa social vasca el que ha arrojado notables ejemplos de buenas prácticas en el ámbito de las empresas con un objetivo prioritario social, de respuesta a necesidades sociales, pasando por encima del ánimo de lucro mercantil, que funciona, a nivel global, como principal motor de la iniciativa económica privada.

La obra que aquí se presenta tiene su origen en la "Jornada de economía social" celebrada el 28 de junio de 2017, en Donostia-San Sebastián, con el título "La realidad de la economía social en la eurorregión: una mirada transfronteriza". La Jornada fue organizada por el Instituto GEZKI (Gizarte Ekonomia eta Zuzenbide Kooperatiboaren Institutua/ Instituto de Derecho Cooperativo y Economía Social), de la Universidad del País Vasco/Euskal Herriko Unibertsitatea. Dicho evento académico contó con la financiación y colaboración del Gobierno Vasco, Gobierno de Navarra, y el Centro de Estudios Vascos de la Universidad de Nevada (Reno). En dicha Jornada se analizó la economía social en los distintos territorios vascos (Comunidad Autónoma Vasca, Comunidad Foral Navarra, e Ipar Euskal Herria). Representantes de ambos Gobiernos ofrecieron sendas ponencias, donde expusieron la política de fomento de la economía social que desarrollan los Gobiernos de la Comunidad Autónoma Vasca y de la Comunidad Foral Navarra.

En lo que respecta al contenido del presente libro, ofrece nueve estudios sobre diversos aspectos de la economía social vasca.

La obra comienza con una reflexión general sobre el concepto de la economía social, a cargo de Enekoitz Etxezarreta y Eusebio Lasa. Destacan que, aunque la economía social es un concepto plenamente consolidado, tiene un nivel de reconocimiento institucional distinto en cada país, dado que van surgiendo conceptos emergentes, muy próximos al concepto de economía social, que gozan de mayor popularidad que éste. En ese sentido, subrayan que la economía solidaria realiza propuestas de carácter innovador, al considerar que la economía social puede contribuir de forma notable en el desarrollo de un modelo social más humano siempre y cuando desarrolle todo el potencial transformador que contiene.

Siguiendo en la misma línea de análisis conceptual, Igone Altzelai aporta a la obra su estudio sobre el tercer sector social en Euskadi, en torno a las personas vulnerables y en riesgo de exclusión social. Analiza la reciente Ley 6/2016, de 12 de mayo, del tercer sector social de Euskadi, situándola en el contexto de la normativa española y europea sobre la materia. Ante la variedad de normas, de instancias y de instituciones concurrentes, la autora plantea si las denominadas organizaciones del tercer sector social, las organizaciones de iniciativa social, las entidades del tercer sector de acción social, las entidades de la economía social y la empresa social, son categorías jurídicas equivalentes o no, y qué relación hay entre ellas. Y esa interrogante, a su vez, la conduce a una cuestión previa: analizar la interrelación entre la economía social y el tercer sector.

El estudio tiene como fin elaborar un enfoque válido, que contenga unos criterios de interpretación eficientes y que sirva para verificar si una determinada entidad pertenece, o no, al ámbito de la economía social o del tercer sector.

Por su parte, Aitor Bengoetxea ofrece un estudio panorámico sobre el marco jurídico de la economía social en Euskal Herria, en función de los diversos espacios jurídicos concurrentes: europeo, francés, español, y vasco. Se analizan las competencias normativas que tienen en la materia los diversos poderes públicos vascos. El objeto de análisis ha sido la economía social en general, y también el derecho de cada una de las entidades que la conforman: cooperativas; mutuas y mutualidades; asociaciones; fundaciones; sociedades laborales; empresas de inserción; centros especiales de empleo; sociedades agrarias de transformación; y cofradías de pescadores. El propósito del estudio ha sido exponer el marco jurídico de la economía social y de sus entidades en el ámbito vasco, para conocer el cauce normativo que deben seguir las iniciativas de economía social que se desarrollan en nuestro territorio.

Aratz Soto y Ane Etxebarria ofrecen una radiografía de la realidad actual del sector de la economía social en la Comunidad Autónoma de Euskadi, así como su reciente evolución en este comienzo del siglo XXI, presentando y analizando la legislación y los datos socio-económicos del sector. Para ello, se basan en el trabajo que ambos investigadores desarrollan en el Observatorio Vasco de Economía Social, ubicado en el seno del Instituto GEZKI. Analizan la evolución y situación de las familias más relevantes de la economía social en Euskadi. Concluyen el capítulo con unas consideraciones finales en cuanto al presente y futuro de la economía social en Araba, Bizkaia y Gipuzkoa.

Mikel Irujo ofrece un estudio sobre el fomento de la economía social desde las instancias de la Unión Europea, para después descender al ámbito concreto de la Comunidad Foral de Navarra. Como máximo exponente de la política navarra de fomento de la economía social, subraya el Plan Integral de Economía Social de Navarra para el periodo 2017-2020.

Seguidamente, Jon Morandeira y Ane Etxebarria nos ofrecen una aproximación teórica a la tipología de políticas públicas de fomento de la economía social en Europa. Analizan el marco teórico de dichas políticas públicas, que tienen como fin el fomento, divulgación e impulso de la economía social, diferenciando entre las políticas que inciden sobre la estructura del sector apoyando la creación y desarrollo de las entidades, y las políticas de empleo que inciden directamente en el empleo de las entidades.

Los tres últimos apartados del libro se centran en el cooperativismo, y lo hacen desde diversas perspectivas.

Así, Xabier Itçaina estudia las cooperativas de trabajo asociado en el territorio del País Vasco Norte (País Vasco Francés), y lo hace desde una perspectiva interdisciplinar entre la sociología política y la sociología económica. Analiza la influencia de las culturas e identidades territoriales en la política de desarrollo local, centrándose en las cooperativas de trabajo asociado, y analiza las interacciones entre este modelo organizativo y la dinámica sociopolítica y económica del territorio. El autor procura desentrañar el engranaje completo de los factores culturales, económicos y sociopolíticos de ese territorio determinado. Se pretende comprender este rompecabezas mediante una investigación cualitativa sobre las cooperativas de trabajo asociado del País Vasco Francés.

Ignacio Bretos y Anjel Errasti nos llevan a un terreno ciertamente espinoso, en torno a la globalización del movimiento cooperativo, y la viabilidad de las cooperativas y sus valores y señas de identidad en un entorno capitalista. En las últimas décadas, marcadas por la intensificación del proceso de globalización neoliberal, ha emergido un renovado debate en torno a la viabilidad de las cooperativas ante las nuevas condiciones impuestas por la globalización y su capacidad para retener sus prácticas y valores cooperativistas a la vez que mantienen su competitividad en los mercados y su eficiencia en términos económico-empresariales. Los autores analizan las principales referencias de la literatura académica al respecto, donde distinguen dos corrientes de pensamiento. Por una parte, la "teoría de la degeneración", pesimista y muy mayoritaria, que sostiene que el cooperativismo degenera en formas empresariales convencionales bajo modelos organizativos y prioridades similares a las de la empresa capitalista. Por otra parte, la "teoría de la regeneración", idea que sugiere que las cooperativas son capaces de mantener su naturaleza original a largo plazo, y que la degeneración puede ser una etapa temporal. Más allá de las fuentes estrictamente académicas, el estudio se basa en trabajos empíricos recientes sobre el grupo Mondragón, así como en la propia investigación cualitativa llevada a cabo por los autores durante los últimos años en algunas de las cooperativas multinacionales más importantes del grupo, como Fagor Ederlan, Maier y Fagor Electrodomésticos, utilizando datos primarios (entrevistas) y secundarios (documentación interna proporcionada por el Grupo Mondragón).

El libro culmina con la aportación de Aitziber Etxezarreta, Santiago Merino, Gala Cano, y Artitzar Erauskin, quienes abordan la temática de las cooperativas de vivienda. Se centran en el modelo de vivienda en cesión de uso, que parece abrirse paso, y ganar peso, como fórmula específica en el marco de las políticas públicas de vivienda del Gobierno Vasco.

Quisiera terminar agradeciendo sus aportaciones a todas las autoras y autores de la presente obra. Debo agradecer también, sinceramente, la contribución y apoyo de Jokin Díaz (Director de economía social del Gobierno Vasco), de Mikel Irujo (Delegado del Gobierno de Navarra en Bruselas), y de Xabier Irujo (Director del Centro de Estudios Vascos de la Universidad de Nevada, Reno), primero para la celebración de la Jornada sobre economía social que se celebró en

Donostia-San Sebastián el 28 de junio de 2017, y después para la elaboración y publicación de la presente obra.

Desde luego, me produce gran satisfacción que este libro vea la luz; como modesta aportación para el conocimiento y reflexión sobre la compleja y rica dinámica de la economía social vasca.

Aitor Bengoetxea Alkorta
Director de GEZKI
Gizarte Ekonomia eta Zuzenbide Kooperatiboaren Institutua
Instituto de Derecho Cooperativo y Economía Social
Universidad del País Vasco / Euskal Herriko Unibertsitatea

El concepto de economía social: Proceso de consolidación y retos de futuro

Enekoitz Etxezarreta & Eusebio Lasa

GEZKI
Gizarte Ekonomia eta Zuzenbide Kooperatiboaren Institutua
Instituto de Derecho Cooperativo y Economía Social
Universidad del País Vasco / Euskal Herriko Unibertsitatea[1]

El concepto de economía social: Proceso de consolidación y retos de futuro

Tanto en el ámbito europeo como en nuestro contexto más cercano la economía social es un concepto plenamente consolidado, cuya fortaleza reside en la identificación de ciertas figuras jurídicas como forma de acotar el sector. Sin embargo, la economía social tiene un nivel de reconocimiento institucional distinto en cada país, dado que van surgiendo conceptos emergentes, muy próximos al concepto de economía social, que gozan de mayor popularidad que éste. La economía social, además, muestra ciertas limitaciones a la hora de incorporar propuestas de carácter más político y transformador en su seno. La economía solidaria realiza propuestas de carácter innovador en este sentido, al considerar que la economía social puede contribuir de forma notable en el desarrollo de un modelo social más humano siempre y cuando desarrolle todo el potencial transformador que contiene.

1. El proceso de consolidación del concepto: una visión europea

El concepto de economía social goza a día de hoy de un reconocimiento jurídico y político importante en distintos países europeos. Para entender mejor los contenidos que suelen ir asociados a este concepto, resulta pertinente realizar en primer lugar una breve interpretación de los principales hitos en el desarrollo histórico de este concepto.

La economía social irrumpe como realidad socioeconómica a mediados del siglo XIX debido al surgimiento del fenómeno cooperativo y recibe un nuevo espaldarazo a finales del siglo XX con la aparición de la "nueva" economía social. En estos dos momentos históricos, el desarrollo conceptual de la economía social se fija a consecuencia de la interacción de tres agentes sociales (Etxezarreta et al, 2014): primero los agentes económicos del sector, articulados a través de diversas redes y entidades, van reivindicándose como realidades diferenciadas del resto de agentes económicos; una vez que el sector se presenta en sociedad de una forma unificada, la academia empieza a considerarla como objeto de estudio específico y finalmente los responsables públicos tratan de visibilizar, medir y adoptar medidas de promoción del sector.

1.1. De realidad económica a objeto de estudio y reconocimiento en Europa

La economía social nace como expresión de contestación al desarrollo industrial capitalista decimonónico a través experiencias autogestionarias ligadas al movimiento cooperativo. Los primeros "economistas sociales" empezarán a teorizar los emprendimientos cooperativos promovidos principalmente por activistas provenientes del socialismo utópico (tales como Robert Owen o Charles Fourier). Gran parte de los principios cooperativos, establecidos luego definitivamente en la declaración de la ACI en 1995, serán los establecidos en la considerada como pionera experiencia de Rochdale en 1844, tales como la libre adhesión, la gestión democrática, la participación económica, la educación, etc.

Se establecerá por primera vez el término economía social para nombrar este tipo de experiencias, que se diferencian del resto de realidades económicas por su carácter moralizador (que incide en el comportamiento de los individuos) y también por representar formas de organización más eficientes y humanas (José Luis Monzón, 2003; Rafael Chaves, 1997).

El último cuarto del siglo XX, en pleno periodo de crisis industrial y crisis de los estados del bienestar en Europa, se corresponde con una nueva irrupción de entidades de economía social, esta vez ya con una mayor articulación entre los diversos agentes del sector. Tanto en Francia como en Bélgica, las cooperativas, las mutualidades y las asociaciones empezarán a organizarse de forma conjunta a través de distintos consejos y comisiones. En 1980 la Comisión Nacional de Mutualidades, Cooperativas y Asociaciones de Francia (National Liaison Committee for Mutual, Cooperative and Associative Activities, CNLAMCA) publica una Carta de Principios, que establece por primera vez en Europa una lista de siete principios compartidos por estas entidades: i) primacía de la persona, ii) adhesión voluntaria; iii) control democrático; iv) conjunción entre interés mutuo e interés general; v) solidaridad; vi) autonomía de gestión, y; vii) políticas de reparto de beneficios. La declaración de principios más reciente se realizó en el año 2002 a nivel europeo a través del *Social Economy Europe,* donde se ratificaron (con algún matiz) los principios enumerados previamente[2].

Coincide en el tiempo el surgimiento de los primeros centros de investigación que, como el CIRIEC-International, se especializan en el análisis de dicho objeto de estudio. Esta red de investigadores universitarios realizará aportaciones de gran calado en el proceso de consolidación del concepto, ya que al tiempo de sistematizar las especificidades teóricas de dichas experiencias, también realizarán estudios estadísticos de medición del sector de acuerdo con los sistemas de contabilidad nacional europeos.

En este sentido se establece un hito importante con la publicación de las "Cuentas satélites de las empresas de economía social" (José Barea y José Luis Monzón, 1995, 2007; José Luis Monzón, 2010) ya que se establecerá aquí una metodología de medición del sector adecuada a los sistemas de contabilidad nacional. En base a esta aportación se construye la propuesta de definición de economía social realizado por el CIRIEC[3].

Una vez que el sector se autodefine de una forma conjunta y que se establecen metodologías adecuadas para su medición, los responsables públicos tratan de fortalecer el sector a través de políticas públicas de diversa índole. En Europa, a raíz de la pionera ley de economía social de España en el 2011, se han ido aprobando distintas leyes nacionales (en Portugal, Francia, Bélgica, Grecia y Rumanía), que lo que pretenden básicamente es dotar de seguridad jurídica el sector y fortalecerlo a través de políticas públicas de diversa índole.

Más allá de los estados miembros, la economía social también goza de cada vez mayor reconocimiento institucional a nivel de la Unión Europea. Tal y como analiza de forma muy detallada José Luis Monzón (2016), fue en la presidencia de Jaques Delors (1985-95) cuando se le dio el impulso definitivo al hecho cooperativo, y gracias a este impulso se establecen dos hitos que a todas luces han sido de gran importancia para el sector: i) El *Social Economy Intergroup* del Parlamento Europeo, desde donde se han promovido todo tipo de dictámenes y planes de acción desde el año 1990, y; ii) la creación en la Comisión Europea del *Social Economy Europe,* donde están representadas las cooperativas, mutualidades, asociaciones y fundaciones europeas.

1.2. Desarrollos recientes en Euskal Herria, España y Francia

De acuerdo con la revisión realizada por José Luis Monzón (2016), el desarrollo conceptual en España y en Euskal Herria Sur ha transitado por similares derroteros.

En España el sector se empieza a organizar en los 80 a través de la creación de COCETA[4] (Confederación de Cooperativas de Trabajo Asociado) y CONFESAL[5] (Confederación de Sociedades Laborales). Hoy en día la principal entidad representativa del sector es el denominado CEPES-España[6] da, en funcionamiento desde el año 1992. A nivel de reconocimiento institucional, la creación en el 1990 del INFES (Instituto Nacional de Fomento de la Economía Social) estableció un primer hito en un camino que ha desembocado en la aprobación en el año 2011 de la Ley 5/2011 de economía social. La aportación realizada por esta ley ha sido ampliamente estudiada (José María Perez de Uralde, 2014; Enekoitz Etxezarreta eta Jon Morandeira, 2012; Gemma Fajardo, 2012; etab.) aunque su principal aportación se resumiría en dos elementos centrales: por un lado ha ayudado en visibilizar el sector, y por otro lado, ha establecido el marco jurídico desde donde poder adoptar medidas de fomento del sector, aunque tal y como argumentan muchos, el desarrollo normativo ha sido nulo desde la aprobación de dicha ley.

En lo que concierne al País Vasco, la economía social ha gozado de cierta referencialidad gracias al movimiento cooperativo articulado en torno al Grupo Mondragón. Dicha experiencia ha sido profusamente estudiada por innumerables investigadores a nivel internacional, y aunque parezca paradójico, apenas ha tenido presencia en los planes de estudio y líneas curriculares de las universidades vascas.

Más allá del Grupo Mondragón, la economía social vasca está fuertemente organizada a través de entidades representativas de cada una de las familias. En la Comunidad Autónoma del País Vasco (CAPV) la Confederación de Cooperativas (KONFEKOOP[7]), la Asociación de Sociedades Laborales de Euskadi (ASLE[8]), la Asociación de Trabajo Protegido de Euskadi (EHLABE[9]) y la Asociación de Empresas de Inserción de Euskadi (GIZATEA[10]), conforman las cuatro grandes familias de la economía social vasca. Existe una entidad de reciente creación que aglutina a todas las familias mencionadas además de la Red de Economía Alternativa y Solidaria de Euskadi (REAS-Euskadi[11]), llamada Red Vasca de Economía Social EGES[12].

En la comunidad Foral de Navarra la entidades representativas se organizan en torno al CEPES-Navarra[13]: la Asociación de Empresas de Economía Social de Navarra (ANEL[14]), la Unión de Cooperativas Agrarias de Navarra (UCAN[15]), la Asociación Navarra de Centros de Inserción Sociolaboral (CIS[16]), y la Red de Economía Solidaria y Alternativa de Navarra (REAS[17]).

Las políticas públicas dirigidas a fomentar el sector en la CAPV se canalizan principalmente a través de la Dirección de economía social dependiente del departamento de Trabajo y Justicia, aunque existan además de ésta distintas direcciones de carácter más sectorial que atienden a diversos agentes del sector (asociaciones, fundaciones, sociedades agrarias, cofradías de pescadores, etc.). Además de estas direcciones, el Consejo Superior de Cooperativas de Euskadi[18] es el principal órgano de encuentro para garantizar la promoción y difusión del cooperativismo, y asesor de las administraciones públicas vascas en materia cooperativa.

En lo que respecta a la Comunidad Foral Navarra las políticas públicas se diseñan desde el departamento de Desarrollo Económico, desde donde se acaba de aprobar el Plan de economía social 2017-2020 gracias a la colaboración de las principales organizaciones del sector.

Por último, en relación al ámbito universitario, existen tres institutos especializados en el tema de la economía social, GEZKI[19], Lanki[20], IEC[21] de la Universidad del País Vasco (UPV/EHU) de la Universidad Mondragon Unibertsitatea y de la Universidad de Deusto, respectivamente, y aunque la presencia curricular en los grados es aún muy limitada, existe una mayor oferta en cursos especializados de postgrado[22].

En lo referente al estado francés, según Xabier Itçaina (2017) la economía social vive un momento álgido gracias a la aprobación en 2014 de la ley de economía social y solidaria, ley que sigue la línea marcada por las leyes española y portuguesa. Esta ley viene a dar un nuevo espaldarazo a este sector que ya a inicios de los 80 contaba con cierto reconocimiento gracias a la Carta de Principios establecida por la CNLAMCA.

Aproximándonos aún más hasta Ipar Euskal Herria, según Itçaina (2017) ya hacia los años 70 y gracias al empuje del movimiento abertzale, se activaron distintas experiencias en el ámbito del desarrollo local. A su vez, desde el cooperativismo mondragonés se ayudó y asesoró muy de cerca la creación de nuevas cooperativas en Iparralde. A partir de 1974, las cooperativas de trabajo asociado irán asociándose alrededor de la entidad Partzuer[23]. Hemen-Herrikoa[24] surgirá entre 1979-1980 como herramienta de capital riesgo, y al mismo tiempo, en el ámbito rural surgirán iniciativas como el sindicato agrario ELB[25] y la Federación Arrapitz[26] de fomento del desarrollo interior.

Dichos movimientos irán madurando hasta que en el 2000 se da un nuevo salto, con la agregación de experiencias vinculadas al consumo y al intercambio.

La cada vez mayor conciencia medioambiental se irá cristalizando en experiencias de circuitos cortos. En ese contexto nace la moneda social Eusko en el 2012. Dicha nueva generación en la economía social también fortalecerá sus lazos con experiencias del otro lado de la frontera, en ámbitos como la agricultura ecológica, el euskara, la cultura, la comunicación y los medios. También cabe señalar que muchas de estas experiencias están integradas en Pôle Territorial de Coopération Économique (PTCE [27]) de Aquitania del Sur, ubicado en Tarnos.

2. Falta de consenso a nivel europeo: la economía social y sus conceptos afines

De lo analizado hasta el momento cabría deducir que el concepto de economía social es ampliamente compartido a nivel europeo gracias a la infinidad de entidades representativas, dictámenes institucionales, investigaciones y desarrollos normativos que han sido señalados. Sin embargo, no es menos cierto que el reconocimiento es desigual en todos los países europeos, dado que existen otros conceptos muy próximos a este que pugnan entre sí por consolidarse como las más aceptadas.

Según José Luis Monzón y Rafael Chaves (2017), han sido dos los conceptos que tradicionalmente han aparecido muy próximos al de economía social: la noción de *Non Profit Organizations* por un lado y la propuesta de *Solidarity Economy*, por otro. En los últimos años además se han ido añadiendo otra serie de propuestas emergentes, tales como, *Social Enterprise, Colaborative Economy, Economy for the Common Good, Circular Economy* o *Corporate Social Responsability*.

El estudio pormenorizado del significado y la diferenciación de cada uno de estos conceptos está fuera del alcance de este trabajo[28] y es por ello que, en este trabajo, hemos optado por mencionar únicamente las dos nociones que en nuestra opinión mayor trascendencia han tenido a nivel de estudios comparativos internacionales: el *Third Sector* y la economía social.

2.1. Estudios comparativos a nivel europeo

A nuestro entender, entre los más recientes destacan dos estudios internacionales de carácter comparativo que, con cierto rigor y utilizando un marco metodológico parecido, han tratado de analizar el nivel de consenso conceptual que existe a nivel europeo: el coordinado por José Luis Monzón y Rafael Chaves (2017) en el trabajo titulado como *Recent Evolutions of Social Economy in the European Union* y el liderado por Lester Salamon y Wojciech Kolokowsky (2014) publicado bajo el título *The Third Sector in Europe: Towards a Consensus Conceptualization.*

Mientras que el primero adopta el enfoque teórico de la economía social, el segundo lleva la impronta clara de la escuela *Non Profit Organizations,* y dado que a nivel europeo (exceptuando países anglosajones) el término no-lucrativo no suscita muchas adhesiones, emplean el concepto de *Third Sector* como propuesta de consenso. Finalmente en ambos estudios se constata que existe mucha diversidad entre los países europeos para designar este sector. Vayamos uno por uno.

Tal y como se recoge en la tabla inferior, José Luis Monzón y Rafael Chaves (2017) establecen tres grupos de países en función del nivel de aceptación del concepto de economía social: i) entre los países con mayor reconocimiento sitúan a España, Francia, Portugal, Bélgica y Luxemburgo, todos ellos países continentales; ii) con un nivel medio de aceptación otro grupo más heterogéneo, con países mediterráneos (Italia, Grecia, Chipre…), también países nórdicos (Finlandia Suecia, Dinamarca…) y otro gran número de países. Y por último, iii) los países con menos reconocimiento son los germánicos (Austria, Chequia, Alemania…) y los bálticos (Estonia, Letonia, Lituania,…).

En relación con los conceptos afines a la economía social, los autores concluyen que los más difundidos son las nociones de *Non Profit Organizations, Social Enterprise* y *Third Sector* y sin embargo los conceptos de *Solidarity Economy* y *Economy for the Common Good* cuentan con un soporte muchísimo menor. Por zonas, los países nórdicos serían más proclives a utilizar el término *Social Enterprise*, y en los países del este *Non Profit Organizations* y *Voluntary Sector* serían los más empleados.

Lester Salamon y Wojciech Kolokowskyren (2014) concluyen que existe una gran variedad de conceptos a nivel europeo a la hora de designar el tercer sector o las entidades que representan dicho espacio (ni público-estatal, ni mercantil-lucrativo). En su opinión la economía social hace referencia a un tipo concreto de entidades, pero por el contrario, el tercer sector sirve para designar una cantidad de entidades mucho más diversa, y por tanto, la forma de caracterizar este tercer sector está condicionada por la naturaleza de las entidades en cada país.

Según este estudio en los países anglosajones *Public Charities* es el término más utilizado, en los germánicos *Non Profit Organizations* y *Civil Society*, en los sureños *Social Economy* tanto en los escandinavos como en los países centrales y del este no existe una única noción que recabe cierto nivel de consenso, y por tanto, se emplea un conjunto muy variado de términos.

Tabla 1: Nivel de reconocimiento de la economía social en la Unión Europea.

Country	Code	By public authorities	By social economy companies and federations	By the academic/scientific world
AUSTRIA	AT	*	**	**
BELGIUM	BE	***	***	**
BULGARIA	BG	**	**	**
CROATIA	HR	*	**	*
CYPRUS	CY	**	**	**
CZECH REPUBLIC	CZ	*	**	**
DENMARK	DK	**	**	**
ESTONIA	EE	**	**	*
FINLAND	FI	**	**	**
FRANCE	FR	***	***	**
GERMANY	DE	*	**	**
GREECE	EL	**	**	***
HUNGARY	HU	**	**	**
IRELAND	IE	**	***	**
ITALY	IT	**	**	**
LATVIA	LV	*	**	**
LITHUANIA	LT	**	**	*
LUXEMBOURG	LU	***	***	**
MALTA	MT	**	*	**
NETHERLANDS	NL	*	*	*
POLAND	PL	**	***	**
PORTUGAL	PT	***	***	**
ROMANIA	RO	**	**	**
SLOVAKIA	SK	*	*	**
SLOVENIA	SI	**	***	**
SPAIN	ES	***	***	***
SWEDEN	SE	**	**	**
UNITED KINGDOM	UK	**	**	**

* Little recognition / ** Moderate recognition / *** High recognition

Fuente: José Luis Monzón y Rafael Chaves, 2017: 35

2.2. Búsqueda de principios de consenso

Del análisis comparativo de los resultados a nivel internacional podemos sacar una primera conclusión: una de las debilidades principales del concepto de la economía social es clasificar el concepto según las figuras jurídicas o las organizaciones tipo. Tenemos que tener en cuenta que cada país tiene una legislación diferente y como consecuencia de ello las figuras jurídicas son diferentes. De esta forma, si las cooperativas son muy frecuentes en los países de tradición francófona en los países post-soviéticos del este están prácticamente prohibidas. De la misma forma, aunque en los países anglosajones los *charitys* son fórmulas muy arraigadas, este modelo no está totalmente homologado en muchos países y habría que buscar ejemplos similares ("asociaciones" o "organizaciones de la sociedad civil"). Esta falta de homologación de la figura jurídica, en aras a proponer un concepto más útil a nivel internacional, nos lleva a clasificar el sector según principios más generales.

Lester Salamon y Wojciech Kolokowsky (2014) consideran que sería el concepto de tercer sector la denominación de consenso más adecuada a nivel de Europa. Según ambos autores, aunque hay diferencias a la hora de considerar qué tipo de organizaciones pueden entrar dentro de este concepto, se ha conseguido un consenso para definir los tres principios básicos del tercer sector en Europa: i) iniciativas colectivas e individuales de gobierno sin ánimo de lucro; ii) con el objetivo de crear algo que sea útil para terceras personas y colectivos y, iii) se realizan a través de actividades voluntarias (y nunca obligatorias).

Según esos principios, dentro de este concepto entrarían: i) Todos los *Non Profit Organizations*[29], ii) las cooperativas y mutualidades ligadas a la economía social, siempre y cuando garanticen "un reparto limitado de los beneficios" alejándose de los modelos empresariales "for-profit"; iii) las empresas sociales, siempre y cuando garanticen "un reparto limitado de los beneficios" alejándose de los modelos empresariales "for-profit", y por último; iv) más allá de las instituciones, también se tendrían en cuenta las iniciativas individuales basadas en el trabajo voluntario ya que en algunos países esta noción se encuentra muy relacionada con la participación de la sociedad civil y el voluntariado.

José Luis Monzón y Rafael Chaves (2017) en cambio, frente al concepto de tercer sector que se encuentra muy cerca del punto de vista de las *Non Profit Organizations*, definen el concepto de economía social estableciendo para ello tres elementos diferenciadores:

- El criterio *Non profit*: este criterio no sería una exigencia general dentro de la economía social ya que dentro de este colectivo las empresas que reparten beneficios son las organizaciones más representativas (las cooperativas y las mutualidades).
- El criterio *democracia*: el concepto de economía social establece este criterio como elemento principal de diferenciación, apartando a todas aquellas organizaciones que no garantizan la práctica democrática.
- El criterio *Serving people*: mientras que la economía social establece de forma concreta que su actividad debe de ir dirigida en beneficio de las personas o de otras organizaciones de la economía social, el tercer sector lo define de forma mucho más heterogénea ya que las organizaciones *NPO*s pueden ser creadas en beneficio de las organizaciones que controlan o financian las mismas.

Resumiendo, podemos concluir que en Europa ha habido un acercamiento entre los conceptos que compiten con la economía social siendo los elementos diferenciadores los siguientes: la denominación tercer sector cierra las puertas a los agentes del mercado y acoge a las personas voluntarias, y la economía social, al mismo tiempo que no cierra el camino a los agentes del mercado, apuesta por realizar una actividad colectiva y democrática al servicio de las personas.

3. Retos de futuro: propuestas innovadoras

De los dos apartados desarrollados hasta ahora podemos sacar una doble conclusión. Por un lado, a lo largo de los últimos 40 años la economía social ha seguido un proceso de fortalecimiento, y esto ha sido una consecuencia de la identificación del sector con figuras jurídicas concretas. Al definir el sector de esa manera favorece la visibilidad del mismo, a través de la medición de los datos estadísticos (adaptándose a las normas de la contabilidad nacional) y limitando mejor el *target* de las políticas públicas para el desarrollo del sector.

De todas formas, esa misma elección que ha beneficiado su fortalecimiento al mismo tiempo ha traído otras consecuencias más negativas, dejando al descubierto los límites del concepto: se complica la homologación a nivel internacional, ya que las figuras jurídicas y sus correspondientes regulaciones son diferentes según los distintos países. Pero, desde nuestro punto de vista, por encima de estos problemas de homologación existen dos problemas de fondo que limitan la potencialidad de la economía social:

- Si el concepto ignora la práctica real de la economía social, el hecho de coger una figura concreta de la misma no garantiza siempre que la práctica de la entidad se va a basar en la democracia y en la solidaridad. Estaríamos muchas veces ante una contradicción entre la retórica y la práctica (Juan Carlos Pérez de Mendiguren y Enekoitz Etxezarreta, 2015-II).
- Más allá de las figuras jurídicas relacionadas con la economía social el concepto olvida también otras prácticas democráticas y transformadoras, sobre todo aquellas que provienen del campo de la economía solidaria (Juan Carlos Pérez de Mendiguren y Enekoitz Etxezarreta, 2015)

La propuesta de la economía solidaria hace suyas estas dos últimas críticas realizadas a la economía social y, al mismo tiempo, propone superar algunos de sus límites. Como veremos a continuación, este nuevo término de economía solidaria ofrece elementos innovadores y renovadores al concepto de la economía social.

3.1. Propuesta renovadora de la economía solidaria

Jean Louis Laville (2013) propone la acepción de economía solidaria como una vía para superar las contradicciones de la economía social. Para Jean Louis Laville (2013), la economía social en su desarrollo ha ido alejándose de su lógica propia, acercándose cada vez más a las lógicas dominantes del mercado y del estado. Los procesos de isomorfismo que ha sufrido el término son el resultado de una falta de espíritu crítico ya que no propone ninguna reflexión sobre el conjunto de la economía ni tampoco sobre el modo en que la economía social actúa en el mercado. Actualmente el primer objetivo de la economía social es ser competitivo en el mercado, dejando en un segundo plano los objetivos de naturaleza social. Desde el punto de vista institucionalista (Nils Brunsson, 1989; John Meyer y Brian Rowan, 1977) estos procesos también se han considerado como una "distorsión" entre la teoría y la práctica. Desde esa perspectiva, Jean Louis Laville (2013) considera que los agentes de la economía social desaprovechan su capacidad transformadora propia.

De esta forma, con la propuesta de la Economía Solidaría se pretende superar algunos límites que tiene la interpretación tradicional de la economía social, tomando en consideración otras realidades empresariales (empresas de inserción, comercio justo o finanzas éticas) y, al mismo tiempo, proponiendo otras herramientas analíticas que no ofrece la teoría neoclásica, teorizando y mostrando otra forma de entender y ver la economía.

Por lo tanto, esta propuesta quiere ampliar el concepto de la economía social, por lo menos, en tres aspectos (Juan Carlos Pérez de Mendiguren y Enekoitz Etxezarreta, 2015): i) en el campo de la organización, interiorizando diversas dinámicas que no son asumidas por la economía social (por ejemplo las no monetarias); ii) en el campo de la política, proponiendo la profundización en la función política de la economía social, y ; iii) en el campo teórico, construyendo un nuevo corpus teórico que haga frente a las teorías económicas hegemónicas.

Empezando por el final, la economía solidaria, pretende revisar la economía como disciplina científica. De esta forma, la economía solidaria pone en cuestión dos de las columnas básicas de la escuela neoclásica. Por un lado, el paradigma del *homo economicus* a través del cual se considera que las personas individuales y colectivas en su actividad económica actúan de modo racional, egoísta, competitivo y utilitarista. Por otro, plantea dudas sobre la consideración de que la economía es una ciencia formal, libre y aislada (José Luis Coraggio 2009, 2011)[30].

Según los teóricos de la economía solidaria la teoría neoclásica tiene límites claros para entender la economía, sobre todo en tres aspectos: i) se aísla el campo económico del resto de los espacios sociales, básicamente se iguala al mercado; ii) al mismo tiempo, se entiende el mercado como un espacio autorregulado y, por lo tanto, sin necesidad de que otras instituciones sociales intervengan para regularlo, y; iii) finalmente se equipara la empresa moderna con la empresa capitalista, dejando fuera del análisis a toda institución no capitalista (Jean Louis Laville, 2004).

Esos límites impuestos por el marco teórico neoclásico se superan recuperando dos aportaciones clave del modelo alternativo construido por el antropólogo y economista Karl Polanyi (2007). En primer lugar, frente al punto de vista formalista impulsado por la economía convencional actual se anima a aplicar el enfoque sustantivo (*sustantive*) de la economía. En segundo lugar, unido a la idea anterior, se hace un reconocimiento de la pluralidad de los principios económicos, destacando en las relaciones económicas, junto a las relaciones de mercado, otras normas reguladoras y valores simbólicos. Concretamente, estamos hablando de tres lógicas o "principios de integración" diferentes, esto es, el intercambio, la redistribución y la reciprocidad y se van estableciendo diferentes espacios económicos donde cada una de las lógicas anteriores es predominante: economía de mercado, estado y espacio comunitario, entre otros.

Esta propuesta epistemológica, además de añadir rigurosidad a la investigación académica, tiene consecuencias políticas claras ya que el hecho de que sea una actividad social exige una resocialización y una repolitización de la economía. Siguiendo con esa argumentación, la economía solidaria no puede dejar de ser económica (desde una perspectiva plural de la economía) pero tampoco puede ser apolítica o políticamente acrítica (Eric Dacheux y Daniel Goujon, 2011). De todas formas, algunos autores argumentan que no se ha conseguido todavía la suficiente unidad o coherencia en torno a esta función política de la economía solidaria ni la articulación necesaria entre los diferentes proyectos (José Luis Coraggio, 2012)[31].

Finalmente, en relación al campo organizativo, la economía solidaria se une a la crítica de "encorsetamiento jurídico" que se le hace al concepto de la economía social y, en ese aspecto, está más cerca de la acepción de *Social Enterprise* que maneja la escuela EMES (Defourny y Nyssens, 2012). Esta última acepción de *Social Enterprise* utiliza tres dimensiones (económica, social y participativa) y su práctica considera como *Social Enterprise* a todas aquellas empresas que se mueven según esos principios.

3.2. La economía social un instrumento válido para la transformación social

Como hemos analizado en los apartados anteriores la economía social ha tenido un proceso de fortalecimiento en los últimos 40 años. Por otra parte, también han quedado al descubierto los límites de la economía social. Además, hemos presentado aportaciones renovadoras para ampliar el concepto de economía social y para profundizar en su función política. Si tenemos en cuenta las reflexiones que hemos realizado en los párrafos anteriores la economía social puede tener capacidad para convertirse en un instrumento válido para la transformación social.

No sólo eso, en la situación actual de crisis la economía social puede jugar un papel importante. Sin lugar a dudas, no estamos ante una crisis coyuntural. Estamos viviendo la era de la globalización guiada por el neoliberalismo. En la misma, el capitalismo global tiene una hegemonía total. Se están produciendo enormes cambios estructurales en el modelo de desarrollo, provocando múltiples crisis, principalmente en el mundo laboral, en el Estado, en el campo de las finanzas, en la economía global, en el medio ambiente, en el ámbito de los cuidados, etc. En los tiempos actuales las desigualdades y la exclusión social aumentan, el individualismo también está cogiendo fuerza y los estados se están convirtiendo en ingobernables. Pero al mismo tiempo están surgiendo numerosas iniciativas para hacer frente a esas dinámicas negativas impulsando la solidaridad, equilibrando las relaciones de fuerza y redistribuyendo la riqueza. Dentro de este contexto, la economía social tiene un quehacer muy importante para encontrar una salida a las desigualdades económicas y sociales y al mismo tiempo ir construyendo otro modelo de desarrollo alternativo (Bouchard, 2013).

Ciertamente, La economía social ha demostrado que tiene capacidad para insertar valores sociales en la práctica diaria (Benoît Lévesque, 2004) y, al mismo tiempo, capacidad para tener en cuenta la perspectiva política (Bernard Eme y Jean Louis Laville, 1994).

El ascenso que ha tenido la economía social a lo largo de los últimos años nos muestra que actualmente no ocupa un espacio residual entre el mercado y el estado. Sin embargo, más que la dimensión de la economía social tendríamos que tener en cuenta la potencialidad que tiene ese sector para incidir en el campo institucional. Por otra parte, no podemos considerar estrictamente a la economía social como un mero productor de bienes y servicios sino que además puede convertirse en un agente activo para el impulso de la coordinación social y política (Jean Louis Laville y Adalbert Evers, 2004). Además, podemos conseguir que la economía social en cierta medida se convierta en un instrumento útil para la transformación social.

Pero para eso la economía social tiene que liberar toda la potencialidad que tiene sin quedarse en una posición testimonial. Somos conscientes de que en el contexto socioeconómico actual ¨la economía social tiene dos almas. Por un lado, integrado dentro del sistema capitalista, en determinados aspectos cada vez hay menos diferencias entre la empresa capitalista y la economía social. Por otro, en cambio, sigue manteniendo diferentes elementos que se encuentran fuera de la lógica del capitalismo y que pueden ser elementos importantes para pensar y demostrar que son posibles las alternativas de futuro.

Luego, la situación de la economía social es ambivalente: a) por una parte asimilada y con una tendencia hacia la indiferenciación y por la otra b) es o puede ser un vivero de alternativas. Eso quiere decir que el futuro de la economía social dependerá de los pasos que dé hacia un lado o hacia el otro. Por lo tanto, el objetivo principal debe ser mantener los principios básicos, actualizarlos y, al mismo tiempo, ponerlos al servicio de la transformación social. Ello exige desterrar ciertos vicios e inercias de la economía social y, al mismo tiempo, mejorar aquellos aspectos que están bien encarrilados.

Para conseguir esa meta partimos del reconocimiento de la economía social como una experiencia valiosa. Ésta ha recorrido y sigue recorriendo un camino de práctica democrática en la empresa con todas sus aportaciones, altibajos y contradicciones. Además, ha cubierto un recorrido de compromiso con el desarrollo económico, social y cultural local. Desde ese punto de vista, dentro de la estandarización capitalista, constituye una experiencia socioeconómica singular y propia que ofrece pistas interesantes en el momento histórico actual.

Por eso, para nosotros la economía social tiene una naturaleza estratégica dentro de la organización socioeconómica y constituye un instrumento válido para alejarnos de la perspectiva economicista e ir incorporando otro modelo más humano y otros valores más sociales al desarrollo del proyecto económico. Para ello, una vez recuperados los pilares básicos de la economía social para convertirse ésta en elemento estratégico de la transformación social, tendríamos que adaptarlos a los nuevos tiempos.

Esto es, pensamos que la economía social tiene que trabajar en dos direcciones diferentes. La primera sería profundizar como una experiencia socioeconómica única, tratando de lograr una democracia empresarial cada vez más radical, dejando de poner el acento en el crecimiento y priorizando los elementos cualitativos. La segunda, en cambio, tendría que fortalecer y actualizar los compromisos sociales. Estas dos direcciones son complementarias y alrededor de ellas queremos impulsar distintas líneas de trabajo: desarrollo de la democracia participativa, el cultivo de las ideas, impulso del debate y de la formación social y cooperativa, garantizar las condiciones de trabajo dignas, respetar el medio ambiente, incorporar las características sociales y culturales del entorno y tomar parte en la cooperación al desarrollo mundial y en la construcción del desarrollo local.

4. Conclusiones

La economía social ha tenido un proceso de fortalecimiento a lo largo de los últimos 40 años y esto se ha debido, sobre todo, a la identificación del sector con figuras jurídicas concretas. El definir el sector de esta manera facilita la visibilidad del mismo, la medición a través de los datos estadísticos y la mejor delimitación de los *target* de las políticas públicas para el fomento del sector.

Además, podemos decir que el concepto de la economía social en algunos países tiene hoy en día una representación a nivel institucional y un reconocimiento tanto público como jurídico importante. Así, el concepto de economía social está bastante consolidado a nivel de Euskal Herria, España, Francia y Europa. La implantación del concepto en esos territorios se ha llevado a cabo gracias a la implantación de los representantes institucionales, al desarrollo de resoluciones institucionales, a la investigación y al avance en materia legal. Siendo esto así, como se confirma en los dos trabajos de investigación que hemos utilizado como referencia, los conceptos utilizados para mencionar a las entidades de esa naturaleza son cambiantes según el país del que se trate. Salta a la vista que la economía social tiene niveles de reconocimiento diferentes en los distintos países de Europa y que alrededor de ese concepto existen otros conceptos similares que se encuentran en una especie de competencia.

De todas formas, podemos decir que en Europa se ha producido una aproximación entre los diferentes conceptos en disputa en torno a la economía social. Pero todavía mantienen algunos rasgos distintivos: la acepción tercer sector cierra la puerta a los agentes que trabajan en el mercado e internaliza a las personas voluntarias y el término economía social, al mismo tiempo que no cierra la puerta al mercado, se diferencia por su actividad colectiva y democrática al servicio de las personas.

También tendríamos que destacar que ahí están los límites del concepto de la economía social y que para superar esos límites la economía solidaria le ofrece propuestas innovadoras y renovadoras, principalmente para ensanchar el concepto de economía social, para profundizar en su función política y para ayudar en la construcción de un nuevo corpus teórico que haga frente a la teoría económica hegemónica actual. Esto es, desde el momento en que la economía solidaria es una práctica social este concepto exige una resocialización y una repolitización de la economía.

Si tenemos en cuenta las reflexiones realizadas anteriormente, podemos concluir diciendo que en esta época de globalización dominada por la hegemonía capitalista la economía social puede convertirse en un instrumento válido para la transformación social. No sólo eso, en la situación actual de crisis la economía social puede jugar un papel preponderante en la construcción de otro modelo de desarrollo más humano. Pero para eso la economía social tiene que liberar toda su potencialidad para la transformación social sin quedarse sólo en la apariencia. Ello exige mantener los principios básicos, actualizarlos y poner la política de la economía social al servicio de la transformación social. Para ello, pensamos que la economía social tiene que trabajar en dos direcciones diferentes. La primera sería profundizar como una experiencia socioeconómica única, tratando de lograr una democracia empresarial cada vez más radical, dejando de poner el acento en el crecimiento y priorizando los elementos cualitativos. La segunda, en cambio, tendría que fortalecer y actualizar los compromisos sociales.

Bibliografía

Barea, José y José Luis Monzón. Las Cuentas Satélite de la Economía Social en España: una primera aproximación. Valencia: CIRIEC-España, 1995.

----------. Manual para la elaboración de las cuentas satélite de las empresas de la Economía Social: Cooperativas y Mutuas. Valencia: CIRIEC-España, 2007.

Bouchard, Marie J. "De l`experimentation à l´institutionnalisation positive, l´innovation sociale dans le logement communautaire au Québec". Annales de l´économie publique, sociale et cooperative, 77(2006-2): 139-166.

Brunsson, Nils. The Organisation of Hypocrisy: Talk, Decisions and Actions in Organisations. Chichester: John Wiley, 1989.

Coraggio, José Luis, ed. ¿Qué es lo económico? Materiales para un debate necesario contra el fatalismo. Buenos Aires: Ciccus, 2009.

----------. Economía social y solidaria. El trabajo antes que el capital. Quito: Abya Yala, 2011.

----------. "Las tres corrientes vigentes de pensamiento y acción dentro del campo de la Economía Social y Solidaria (ESS): Sus diferentes alcances". *http://www.socioeco.org/bdf/es/corpus_document/fiche-document-2124.html.* Vista el 26 de noviembre de 2017, 2012.

Chaves, Rafael. "Economía política de la economía social. Una visión de la literatura económica reciente". CIRIEC-España, Revista de Economía Pública, Social y Cooperativa, 25 (1997):141-162.

----------. "La economía social como enfoque metodológico, como objeto de estudio y como disciplina científica". CIRIEC-España, Revista de Economía Pública, Social y Cooperativa, 33 (1999):115-139.

Dacheux, Eric y Daniel Goujon. Principes d´ économie solidaire. Paris: Ellipses, 2011.

Defourny, Jacques y Marthe Nyssens: "El enfoque EMES de la empresa social desde una perspective comparada". CIRIEC-España, Revista de Economía Pública, Social y Cooperativa, 75 (2012): 7-34.

Eme, Bernard y Jean-Louis Laville, eds. Cohésion Sociale et emploi. Paris: Desclée de Brower, 1994.

Etxezarreta, Enekoitz y Jon Morandeira. "Consideraciones conceptuales sobre la Economía Social a la luz de la Ley 5/2011". Revista vasca de economía social/ Gizarte ekonomiaren euskal aldizkaria, 8, (2012): 7-36.

Etxezarreta, Enekoitz, Juan Carlos Pérez de Mendiguren y Jon Morandeira. "Sobre el concepto de Economía Social y su proceso de consolidación". In Economía Social Vasca y Crisis Económica: Análisis de su evolución socioeconómica entre 2009 y 2013, Ignacio Bretos eta José María Pérez de Uralde, 11-17. Donostia-San Sebastián. OVES, 2014.

Fajardo, Gemma. "El fomento de la economía social en la legislación española". REVESCO, Revista de Estudios Cooperativos, 107 (2012): 58-97.

Itçaina, Xabier. Ipar Euskal Herriko Gizarte Ekonomiaz. http://www.oves-geeb.com/eu/noticias-eu/detalle-eu/ipar-euskal-herriko-gizarte-ekonomiaz-1011. Visto el 25 de noviembre de 2017, 2017.

Laville, Jean-Louis. "Économie sociale et solidaire, capitalisme et changement démocratique". En Vers une théorie de l'économie sociale et solidaire, David Hiez eta Eric Lavillunière (dir), 17-32. Collection: Droit & économie sociale et solidaire.Paris. Editions Larcier, 2013.

----------. "El marco conceptual de la Economía social y solidaria". In Economía social y solidaria: Una visión europea, edited by Jean-Louis Laville, 1-25. Buenos Aires. Fundación OSDE - Universidad Nacional de General Sarmiento-Altamira, 2004.

Laville, Jean-Louis y Adalbert Evers eds. The third sector in Europe. Cheltenham, UK/Northampton, MA, USA: Edward Elgar, 2004.

Lévesque, Benoît. "Les entreprises d´économie sociale, plus porteuses d´innovations sociales que les autres ?." In Le developpement social au rythme de l´innovation, 51-72. Québec. Presses de l´Université du Québec et Fonds de recherche sur la société et la culture, 2004.

Meyer, John y Brian Rowan. "Institutional Organizations: Formal Structure as Myth and Ceremony". American Journal of Sociology 83, (1977): 340–363.

Monzón, José Luis. "El cooperativismo en la historia de la literatura económica". CIRIEC-España, Revista de Economía Pública, Social y Cooperativa, 44 (2003): 9-32.

----------. "Economía Social y conceptos afines: fronteras borrosas y ambigüedades conceptuales del Tercer Sector". CIRIEC-España, Revista de Economía Pública, Social y Cooperativa, 56 (2006): 9-24.

---------- (dir.). Las grandes cifras de la Economía Social en España. Ámbito, entidades y cifras clave año 2008. Valencia: CIRIEC, 2010.

----------. "La economía social en la literatura económica y en los hechos. 30 años del CIRIEC-España", CIRIEC-España, Revista de Economía Pública, Social y Cooperativa, 88 (2016): 287-307.

Monzón, José Luis y Rafael Chaves. La Economía Social en la Unión Europea. Bruselas: Comité Económico y Social Europeo, 2012.

----------. Evolución reciente de la economía social en la Unión Europea. Bruselas: Comité Económico y Social Europeo, 2017.

Pérez de Mendiguren, Juan Carlos y Enekoitz Etxezarreta. "Sobre el concepto de economía social y solidaria: aproximaciones desde Europa y América Latina". Revista de Economía Mundial 40 (2015): 123-144.

----------. "Otros modelos de empresa en la economía solidaria: entre la retórica y la práctica". Lan Harremanak Aldizkaria 33 (2015-II): 227-252.

Pérez de Mendiguren, Juan Carlos, Enekoitz Etxezarreta y Luis Guridi. (2009): "Economía Social, Empresa Social y Economía Solidaria: diferentes conceptos para un mismo debate". Papeles de Economía Solidaria, 1 (2009): 1-41.

Pérez de Uralde, José María. "La inaplicación de la Ley de Economía Social en un contexto de crisis económica. Algunas interpretaciones y propuestas". CIRIEC-España, Revista de Economía Pública, Social y Cooperativa, 81, (agosto 2014): 33-59.

Polanyi, Karl. La gran trasformación. Los orígenes políticos y económicos de nuestro tiempo. Buenos Aires: Fondo de Cultura Económica, 2007.

Salamon, Lester M. y Wojciech Sokolowsky. "The Third Sector in Europe: towards a consensus conceptualization". TSI Working Paper Series nº 2/2014, European Union. Brussels: Third Sector Impact.

Un nuevo marco para el tercer sector en Euskadi en el contexto de la Unión Europea

M. Igone Altzelai

GEZKI
Gizarte Ekonomia eta Zuzenbide Kooperatiboaren Institutua
Instituto de Derecho Cooperativo y Economía Social
Universidad del País Vasco / Euskal Herriko Unibertsitatea

Un nuevo marco para el tercer sector en Euskadi en el contexto de la Unión Europea

Es por todos conocido que la sociedad vasca ha contado y cuenta con un amplio tejido social integrado por infinidad de organizaciones de iniciativa ciudadana surgidas para dar respuesta a determinadas situaciones, problemas o necesidades. Es lo que llamamos *tercer sector* o, más concretamente, *tercer sector social*. Así se dice en la exposición de motivos de la Ley 6/2016, de 12 de mayo, del tercer sector social de Euskadi que define lo que denomina las *organizaciones del tercer sector social de Euskadi* y las *organizaciones de iniciativa social*.

Ésta es una ley que obedece a la competencia exclusiva de que goza la Comunidad Autónoma del País Vasco en materia de: i) asistencia social; ii) fundaciones y asociaciones de carácter docente, cultural, artístico, benéfico, asistencial y similares, en tanto que desarrollen principalmente sus funciones en el País Vasco; iii) cooperativas y mutualidades no integradas en la Seguridad Social y iv) desarrollo comunitario, condición femenina, política infantil, juvenil y de la tercer edad. En el marco del régimen de distribución de competencias entre el Estado español y la Comunidad Autónoma de Euskadi, su Estatuto de Autonomía, llamado Estatuto de Gernika, le atribuye competencia exclusiva en dichas materias. De hecho, con anterioridad, la Ley 12/2008, de 5 de diciembre, de Servicios Sociales ya introdujo en nuestro ordenamiento jurídico el denominado *tercer sector de acción social*, que fue posteriormente definido por el Decreto 283/2012, de 11 de diciembre, por el que se constituye y regula la Mesa de Diálogo Civil.

En el ámbito estatal, el planteamiento es diferente. El ordenamiento jurídico español cuenta con una ley sobre la economía social y otra sobre el tercer sector. La Ley 5/2011 de 29 de marzo de economía social configura un marco jurídico para las *entidades de la economía social* y contempla los mecanismos de interlocución de estas organizaciones con los poderes públicos. La Ley 43/2015, de 9 de octubre, del tercer sector de acción social, por su parte, establece un marco regulatorio para las denominadas *entidades del tercer sector de acción social.* Los sectores sociales marginados colocados en situación de vulnerabilidad o en riesgo de exclusión constituyen el elemento principal sobre el que recae su atención. La ley también tiene por objeto regular la interlocución de estas entidades con la administración general del Estado.

En el ámbito de la Unión Europea, se cuenta asimismo con regulación en materia de economía social. Aquí el marco jurídico es otro, elaborado desde la perspectiva de un mercado único que necesita un crecimiento inclusivo, más ético y más social. La referencia básica está recogida en la Communication from the Commission to the European Parliament, the Council, the European Economic and Social Committee and the Committee of the Regions, Social Business Initiative Creating a favourable climate for social enterprises, key stakeholders in the social economy and innovation (en adelante, *Initiative*) (European Commission 2011b).

En la Unión Europea la *Communication* no tiene carácter obligatorio, no es una norma, pero constituye un instrumento jurídico relevante cuyo objetivo es el de fijar la posición de la Comisión Europea respecto de las medidas a adoptar por las demás instituciones de la Unión Europea. En este caso, la citada *Initiative* muestra el fin de favorecer una "economía social de mercado altamente competitiva", para lo cual la Comisión Europea toma como elementos centrales la economía social y la innovación social, tanto en lo que concierne a la cohesión territorial como a la búsqueda de soluciones para los problemas sociales. Entre ellos destaca, en concreto, la lucha contra la pobreza y la exclusión que determina la European Commission en su *Strategy Europe 2020* (2010a), en la *Europe 2020 flagship initiative Innovation Union*, Brussels (2010b), en *The European Platform against Poverty and Social Exclusion* (2010c) y en el *Single Market Act* (2011a). En este contexto, atendiendo a los fines expresados, la *Initiative* define la noción de *empresa social* como agente de la economía social. Esta noción de *empresa social* es la que se recoge en el Reglamento (UE) Nº 346/2013, del Parlamento Europeo y del Consejo, de 17 de abril de 2013, sobre los fondos de emprendimiento social europeos, con ocasión de regular los fondos que invierten en empresas que impulsan cambios sociales, que ofrecen soluciones innovadoras a problemas sociales.

Ante toda esta variedad de normas, de instancias y de instituciones, nos planteamos si las denominadas *organizaciones del tercer sector social*, las *organizaciones de iniciativa social,* las *entidades del tercer sector de acción social,* las *entidades de la economía social* y la *empresa social,* a las que nos hemos referido, son categorías jurídicas equivalentes o no, qué relación hay entre ellas. Pero, esta interrogante, a su vez, nos conduce a otra cuestión previa, a analizar la interrelación entre la economía social y el tercer sector.

Así pues, el presente trabajo tiene por objeto dar respuesta a esas cuestiones, aunque no se propone realizar un análisis pormenorizado de cada una de las figuras mencionadas. Por el contrario, ante esta pluralidad de organizaciones de la economía social y del tercer sector, tiene como fin elaborar un enfoque válido para todas ellas, que contenga unos criterios de interpretación eficientes y que sirva para verificar si una determinada entidad pertenece al ámbito de la economía social o del tercer sector.

En otras palabras, pretende ofrecer un instrumento para observar los elementos comunes que definen a los agentes de todo este especial sector diferenciado de la economía.

1. Tercer sector y economía social

Son numerosos los estudios dedicados a analizar la relación entre el tercer sector y la economía social y a debatir acerca de su posible identificación, ya que comparten amplios espacios comunes. Por ello nos preguntamos si son dos ámbitos diferentes o son dos componentes de una misma realidad.

Al tercer sector (también llamado tercer sector social) y a la economía social les unen unas características y objetivos comunes. En ambos casos participan organizaciones privadas que centran su actividad en mejorar la sociedad y en atender las necesidades de las personas y no tanto las necesidades del capital. Estas organizaciones suelen aplicar criterios de gestión destinados a optimizar su actividad y no a conseguir un mayor margen económico. Se busca el beneficio de la comunidad y no el propio. Estas organizaciones focalizan su actuación en incrementar la rentabilidad y aprovechamiento de los recursos y no en dominar el mercado y priorizan los resultados sociales y no los económicos que, en caso de tenerlos, los reinvierten en la propia organización (Crespo 2013, 66).

No obstante, se sigue haciendo la distinción entre la economía social y el tercer sector, a pesar de la falta de homogeneidad en su composición, su clasificación y su nomenclatura y la falta de claridad de criterios en su catalogación.

Por un lado, históricamente se ha considerado que la economía social tiene sus orígenes en las cooperativas de consumo y producción de finales del siglo XVIII y del XIX, que impulsaron una concepción de la economía diferente, apartándose de la idea del puro interés particular como motor de la economía. Para algunos, aún en la actualidad, el movimiento cooperativo constituye la columna vertebral de la economía social (Monzón 2006). Pero también es cierto que en los años 1970 comenzó a desarrollarse una concepción de economía social más amplia que, partiendo de las cooperativas, se extendía a todas aquellas formas de organización que en su funcionamiento cuestionen la lógica del desarrollo capitalista (Argudo 2002, 247).

Por otro lado, tradicionalmente, se ha considerado que el tercer sector tiene su origen en aquellas iniciativas privadas de carácter caritativo y a veces religioso y que paulatinamente han ido incorporando nuevos perfiles altruistas, defensores de la justicia social, que han asumido protagonismo en la sociedad y que se sienten responsables, junto a los poderes públicos, del bienestar de la comunidad. Este sector ha ido evolucionando, mejorando su organización, introducido nuevos métodos de gestión y consiguiendo una mayor sostenibilidad de sus proyectos, sin abandonar los fines que motivaron su creación. Así, este sector que durante tiempo se ha caracterizado por ser poco profesionalizado, con una fuerte presencia del voluntariado, atomizado y con débiles estructuras, se ha ido articulando y ha sabido organizarse y convertirse en un sector con potencialidad económica.

Todos estos movimientos se han desarrollado gracias a la actividad de las organizaciones y la iniciativa privada que se ha manifestado de muy distintas maneras para conseguir el bienestar de la población, actuando bajo los principios que les han caracterizado como son la solidaridad, no tener ánimo de lucro o la lucha contra las desigualdades. Su trayectoria en los últimos años nos muestra una clara colaboración entre lo privado y lo público que, en buena medida, ha optado por externalizar muchos de sus servicios y confiar su gestión a este tipo de entidades. Ello ha hecho que éstas se hayan caracterizado, en buena parte, por trabajar en la producción de bienes y servicios de interés público, ocupando así un lugar importante en el conjunto de la economía de un país.

Esta práctica ha hecho que en la actualidad todas estas organizaciones de carácter social deban convivir con empresas mercantiles que, con voluntad de obtener máximos beneficios en interés propio, entran en competencia con ellas. Ante este panorama, este nuevo sector social está apostando por organizaciones de carácter empresarial, productivas, no lucrativas, que conjugan lo público y lo privado, tratando de superar la dependencia única de la administración, potencian la inversión privada procedente de una mayor corresponsabilidad de la sociedad civil y planifican nuevas maneras de financiarse y de gestionar la actividad que realizan.

Estos cambios en la gestión económica no impiden la defensa de los principios de siempre. Pero este proceso ha ido generando un mayor valor económico de la actividad que desarrollan estas organizaciones y ello ha hecho que exista cada vez más identificación entre la denominada economía social y el tercer sector (Defourny and Nyssens 2010, 39). Han ido creciendo y desarrollándose uno al lado del otro y, de alguna manera, puede afirmarse que actualmente ambos forman parte de un mismo concepto. Ese es precisamente el enfoque europeo que ha acabado por integrar en la economía social, lo que el enfoque anglosajón denomina *Nonprofit Organizations* y que tradicionalmente en algunos países se han identificado con el tercer sector. En esta nueva acepción, la economía social queda integrada por las organizaciones que operan con el principio de no distribución de beneficios (Chaves and Monzón, 2001), mientras que el resto de entidades que no aplican este principio forman parte del sector público o del sector capitalista.

2. El modelo de la Unión Europea

En el sentido expuesto, en el ámbito de la Unión Europea no hay un enfoque dual sino un enfoque unitario conectado con la economía social y la figura de referencia para delimitar su ámbito es la *empresa social*. Esta figura que ha evolucionando a lo largo del tiempo se define en la *Initiative* (European Commission, 2011b) sobre la exigencia de tres requisitos:

1) Un objetivo social de interés común que constituye la razón de ser de la actividad económica que desarrollan.
2) La reinversión de los beneficios de estas organizaciones o empresas principalmente en la realización de ese objetivo social (o ausencia de ánimo de lucro).
3) Un modo de organización o de propiedad basados en principios democráticos o participativos u orientados a la justicia social.

Sobre estos tres fundamentos se construye el modelo europeo de empresa social. Así se ha eludido hacer cualquier referencia a la tipología o la forma jurídica de las empresas sociales. Es algo perfectamente lógico, teniendo en cuenta el panorama absolutamente heterogéneo de tipos de entidades, organismos y empresas que existen en los diferentes Estados miembros en el ámbito de la economía social. La Comisión Europea ha optado por no incidir en los aspectos formales, ya que resultaría tremendamente complicado y problemático.

En su lugar, ha preferido articular una vía que pueda ser capaz de aprehender la realidad de esa tipología tan diversa. Para ello ha focalizado su atención sobre los caracteres que estima son comunes a todos los tipos de organizaciones o entidades para que puedan ser consideradas de carácter social.

Conviene señalar que esta concepción no constituye un patrón nuevo, sino que se trata de un modelo ya probado. El Gobierno Británico con su *Social Enterprise: a strategy for success* iniciada en 2002 puso en marcha un modelo basado en dos caracteres fundamentales: 1) tener unos objetivos de carácter social y 2) que los beneficios sean en su mayor parte reinvertidos en la empresa o en la sociedad.

El esquema básico de la noción de empresa social de la Comisión Europea ya ha quedado consolidado en una norma como es el Reglamento (UE) 346/2013 sobre los fondos de emprendimiento social europeos. En Europa hay cada vez más inversores interesados en este tipo de empresas y no únicamente en perseguir una rentabilidad financiera, por lo que ha ido emergiendo un mercado de inversión social compuesto en parte por fondos de inversión que proporcionan financiación a empresas sociales, a aquéllas que impulsan soluciones a problemas sociales. A esos fondos está destinado el Reglamento en el que, lógicamente, es preciso dar una definición clara de lo que son estas empresas, con las necesarias garantías de seguridad jurídica (artículo 3.1.d). Para ellas exige que:

1) el objetivo primordial de la empresa consista en tener una incidencia social positiva, más que generar beneficios para sus o propietarios o socios;
2) la empresa opere proporcionando bienes y servicios al mercado y utilizando sus beneficios fundamentalmente para alcanzar objetivos sociales y
3) la empresa esté gestionada de manera responsable y transparente, en especial mediante la participación de empleados, consumidores y partes interesadas en sus actividades comerciales.

Debe admitirse que este hecho tiene una transcendencia especial en la categorización jurídica de la noción de empresa social por haber sido recogida en una norma jurídica de alcance general, obligatoria en todos sus elementos y directamente aplicable en todos los Estados miembros, como es el Reglamento (UE) Nº 346/2013. De este modo ha quedado integrada en el derecho comunitario la noción de empresa social para el conjunto de estados de la Unión Europea (Altzelai 2016, 21). Ello no implica necesariamente que los sistemas y los criterios definidores de las organizaciones o empresas sociales de todos los estados deban ser plenamente coincidentes. Pero sí implica que deben ser, al menos, compatibles con el modelo europeo. Éste se erige en patrón de referencia para todos ellos.

Este esquema configurador de la empresa social presenta ventajas interesantes para su aplicación. Su carácter flexible constituye el aspecto positivo más destacable, ya que permite acoger en su seno diversidad de entidades, organizaciones o empresas, cualquiera que sea su forma jurídica. De este modo, cualquier organismo de cualquier tipo, puede llegar a recibir la calificación de empresa social siempre y cuando reúna esos pocos elementos básicos y así se verifique.

Por lo que respecta al ámbito de la Unión Europea, en relación a la forma de verificar el cumplimiento de los elementos fundamentales, ya se han articulado algunos mecanismos que pueden servir de guía para el resto de ordenamientos jurídicos. Así, el Reglamento (UE) 346/2013 (artículo 3.1.d) exige que el objetivo social de interés común, la preferencia de la reinversión en la realización de ese objetivo y la organización o régimen de propiedad de la empresa, basada en principios democráticos o participativos u orientados a la justicia social se hallen recogidos expresamente en alguno de los documentos constitutivos de la empresa, en la escritura pública, en sus estatutos o en cualquier otro documento.

La Comisión, por su parte, sigue reflexionando acerca de la elaboración y puesta en práctica de un estatuto europeo común para las empresas sociales, con la preocupación de que resulte sencillo, atractivo y capaz de responder a las necesidades de los empresarios sociales.

2.1. El enfoque del ordenamiento español ¿un modelo dual?

A diferencia del enfoque europeo, el ordenamiento jurídico español responde a un modelo dual que distingue entre la economía social y el tercer sector. La Ley 5/2011 de economía social y la Ley 43/2015 del tercer sector de acción social regulan las entidades de la economía social y las entidades del tercer sector de acción social, respectivamente, a las que nos vamos a referir a continuación. No obstante, ante esta dualidad, algunos (Altzelai 2016) proponen realizar una lectura renovada de estas leyes, de forma que su interpretación sea acorde con el enfoque europeo.

3. Las entidades de la economía social

La Ley 5/2011 de economía social está dirigida a las entidades de la economía social. Tiene por objeto establecer un marco jurídico común para ellas y determinar las medidas adecuadas para su fomento. Sin embargo, la ley no contiene una definición expresa de las entidades de la economía social, lo cual genera problemas a la hora de determinar su ámbito de aplicación. Ello nos obliga a inferir de su articulado cuál es el significado que debe darse a esta figura.

El artículo 2 de la ley proporciona una breve definición de la economía social, como el "conjunto de las actividades económicas y empresariales, que en el ámbito privado llevan a cabo aquellas entidades que, de conformidad con los principios recogidos en el artículo 4, persiguen bien el interés colectivo de sus integrantes, bien el interés general económico o social, o ambos". Esos principios orientadores son los siguientes:

> a) la primacía de las personas y del fin social sobre el capital, priorizar la toma de decisiones más en función de las personas y sus aportaciones de trabajo y servicios que en relación con sus aportaciones al capital social;
> b) la aplicación de los resultados obtenidos de la actividad económica principalmente en función del trabajo o servicio realizado y, en su caso, al fin social objeto de la entidad;
> c) la promoción de la solidaridad interna y con la sociedad;
> d) la independencia respecto de los poderes públicos.

Luego el artículo 5 dispone un listado de figuras jurídicas que considera pertenecientes a la economía social:

> las sociedades cooperativas
> las mutualidades
> las fundaciones
> las asociaciones que lleven a cabo actividad económica
> las sociedades laborales
> las empresas de inserción
> los centros especiales de empleo
> las cofradías de pescadores
> las sociedades agrarias de transformación

Esta lista no tiene vocación de *numerus clausus*. El mismo artículo 5 añade que también podrán formar parte de la economía social las *entidades singulares* creadas por normas específicas que se rijan por los principios del artículo 4. De hecho, en España, tienen esa consideración la Cruz Roja Española (Real Decreto 415/1996) y la Organización Nacional de Ciegos Españoles, ONCE (Real Decreto 358/1991). Cáritas España es la Confederación Oficial de las entidades de acción caritativa y social de la Iglesia Católica en España, pero no ha sido creada por una norma específica española.

Asimismo, el apartado segundo del artículo 5 abre la posibilidad de ser consideradas entidades de la economía social aquéllas entidades que realicen actividad económica y empresarial, cuyas reglas de funcionamiento respondan a dichos principios orientadores y sean incluidas en el catálogo de entidades que debe elaborar el Ministerio de Trabajo e Inmigración. La ley ordena que dicho catálogo se mantenga actualizado y que se coordine con los catálogos que puedan existir a nivel autonómico. Pero esta posibilidad no ha sido desarrollada.

Lo preocupante es que Ley de economía social no dice expresamente que las entidades comprendidas en la lista del artículo 5 deban acreditar la observancia de los principios orientadores del artículo 4. Por tanto, en una primera lectura, puede parecer que el legislador español presume que las entidades de la lista ya actúan en base a esos principios, avalados simplemente por el hecho de haber adoptado una determinada forma jurídica (Arrieta 2014, 34). La exigencia de obedecer dichos principios está expresamente dirigida a cualesquiera otras organizaciones que, manteniendo otra forma jurídica, pretendan obtener el atributo de pertenecer a la economía social.

Tanto el contenido como la sistemática empleada por la Ley de economía social han desencadenado numerosas reacciones críticas. Entre ellas, una parte hace referencia al listado de las entidades consideradas de la economía social del artículo 5 (Paniagua 2011, 165; Paz 2012, 93; Sánchez y Pérez, 2015, 37). Hay también otro grupo de críticas importante relativo a los llamados principios orientadores de la economía social definidos en el artículo 4 (Fajardo 2012b, 280; Paniagua 2011, 155). A nuestro modo de ver esto hace que sea preciso clarificar el entendimiento de estos principios orientadores de la Ley de economía social y de las formas de determinar la noción de entidades de la economía social previstas en la ley, ajustándolos a una interpretación coherente con el modelo europeo (Altzelai 2016, 24).

4. Las entidades del tercer sector de acción social

La Ley del tercer sector de acción social establece una legislación, a nivel estatal, para todas aquellas entidades de este ámbito. Su objetivo principal es fortalecer y corregir la capacidad del denominado tercer sector sobre las políticas contra la pobreza y la exclusión. Busca "eliminar las desigualdades existentes que siguen afectando a los colectivos más vulnerables de la sociedad". Por ello, la ley regula las entidades, sus principios fundamentales y su participación en la elaboración de políticas sociales.

La ley define en su artículo 2 las entidades del tercer sector de acción social como aquellas "organizaciones de carácter privado, surgidas de la iniciativa ciudadana o social, bajo diferentes modalidades, que responden a criterios de solidaridad y de participación social, con fines de interés general y ausencia de ánimo de lucro, que impulsan el reconocimiento y el ejercicio de los derechos civiles, así como de los derechos económicos, sociales o culturales de las personas y grupos que sufren condiciones de vulnerabilidad o que se encuentran en riesgo de exclusión social". En este caso, contrariamente a lo que sucede con las entidades de la economía social, la definición se ajusta al modelo de la Unión Europea.

Las entidades del tercer sector de acción social más populares a nivel estatal son Cáritas, Cruz Roja y la Organización Nacional de Ciegos Españoles, ONCE (García Montoro 2015, 2). Pero existen otras y normalmente se agrupan entre sí conformando plataformas de actuación conjunta. Es el caso de la Plataforma del Tercer Sector, integrada por siete organizaciones: la Plataforma de Organizaciones

No Gubernamentales de Acción Social (POAS); la Plataforma del Voluntariado de España (PVE), la Red Europea de lucha contra la pobreza y la exclusión social en el Estado español (EAPN-ES); el Comité Español de Representantes de Personas con Discapacidad (CERMI); Cáritas española, Cruz Roja española y la Organización Nacional de Ciegos Españoles (ONCE). Esta plataforma en particular fue reconocida en 2013 como interlocutor válido de la sociedad civil para plantear sus necesidades al gobierno a través de la Comisión para el Diálogo Civil.

No obstante, como ya se ha mencionado anteriormente, la Cruz Roja Española, la Organización Nacional de Ciegos Españoles, ONCE y Cáritas España, tienen la consideración de entidades singulares en el marco de la Ley de economía social. Así pues, precisamente las entidades más importantes en este ámbito tienen una doble consideración, como entidades de la economía social y como entidades del tercer sector de acción social. Esto nos lleva a concluir que, en el fondo, esta distinción entre economía social y tercer sector no parece necesaria, por lo que un modelo dual basado en esa distinción no tiene mucho sentido.

Acorde con lo que establece la Ley del tercer sector de acción social en su artículo 4, son principios rectores de las entidades del tercer sector de acción social, "con independencia de su naturaleza jurídica" los siguientes:

a) Tener personalidad jurídica propia.
b) Ser de naturaleza jurídica privada.
c) No poseer ánimo de lucro y tener carácter altruista.
d) Garantizar la participación democrática.
e) Actuar de modo transparente.

f) Desarrollar sus actividades con plenas garantías de autonomía en su gestión y toma de decisiones respecto a la Administración General del Estado.
g) Contribuir a hacer efectiva la cohesión social, por medio de la participación ciudadana en la acción social, a través del voluntariado.
h) Actuar bajo los principios de igualdad de oportunidades, de trato y no discriminación, con especial atención al principio de igualdad entre hombres y mujeres.
i) Llevar a cabo objetivos y actividades de interés general, así definidas en una norma de rango de ley, y en todo caso, las siguientes actividades de interés social:
    1. ª La atención a las personas con necesidades de atención integral socio-sanitaria.
    2. ª La atención a las personas con necesidades educativas o de inserción laboral.
    3. ª El fomento de la seguridad ciudadana y prevención de la delincuencia.

Con este listado no debemos pensar que el objetivo de la ley es el de asignar tareas a las entidades del tercer sector, que de sobra conocen cuáles son las necesidades de los ciudadanos a los que atienden, sino la promoción de la participación institucional de estas entidades en la administración general del estado (Calvo 2015, 3), el establecimiento de medidas de fomento de las mismas y, en particular, la adopción de un programa de impulso de las entidades del tercer sector de acción social que el gobierno debería haber aprobado en el plazo de doce meses posteriores a la aprobación de la ley, pero que dos años después aún no lo ha hecho.

Uno de los órganos de participación institucional en la administración general del estado de las entidades del tercer sector es la Comisión para el Diálogo Civil con la Plataforma del Tercer Sector a la que nos hemos referido anteriormente y que, según lo previsto en el artículo 9 de esta ley, se regulará reglamentariamente con la finalidad de institucionalizar la colaboración, cooperación y diálogo permanentes con el ministerio competente (aún no se ha regulado).

Como colofón a este apartado diremos que el enfoque del ordenamiento jurídico español, basado en un modelo dual que distingue entre la economía social y el tercer sector, es un enfoque ya superado en los tiempos actuales y que no casa con el modelo europeo (Strategy Europe 2020). Se sigue considerando el tercer sector como dependiente financieramente del estado y no como un sector complejo y ambivalente (Marbán y Rodríguez 2013, 63), con amplias funciones de protección social, de inversión social y de innovación social.

5. Las organizaciones de iniciativa social en Euskadi

La Ley 6/2016, de 12 de mayo, del tercer sector social de Euskadi tiene como objetivo primordial el de establecer el estatuto de las organizaciones que forman parte de él, avanzando en su identificación como organizaciones de iniciativa e intervención social, más allá de su definición como sector no lucrativo, reconociendo la importancia de su contribución social, particularmente, en el ámbito de las políticas sociales, y su derecho a participar activamente en las mismas. Tiene, además, otros objetivos como los de: i) sistematizar y reforzar los mecanismos de cooperación con el sector público y el sector empresarial; ii) consolidar los diferentes espacios de interlocución con el sector público y con otros agentes sociales en los que el sector social está y debería estar presente y iii) sistematizar y reforzar los instrumentos y políticas de promoción del tercer sector social (o sector social) por parte de las administraciones públicas y de otros agentes sociales.

Es, por tanto, una ley que implica a diversos sectores. Implica, obviamente, al tercer sector o sector social, de organizaciones de iniciativa e intervención social, del ámbito cívico (asociaciones de familias, mayores, jóvenes, mujeres, inmigrantes, acción social y cooperación internacional al desarrollo, entre otras), pero también al sector público (a las administraciones públicas vascas y a los órganos legislativos de la Comunidad Autónoma del País Vasco) y al sector empresarial, a las empresas y organizaciones empresariales.

A los efectos de esta ley (artículo 2), forman parte de este tercer sector en Euskadi: 1) las *organizaciones de iniciativa social* (definidas en el artículo 3); 2) las redes u organizaciones de segundo nivel o superiores representativas de esas organizaciones y 3) otros tipos de organizaciones, siempre que realicen actividades en el ámbito de la intervención social y reúnan determinadas condiciones (previstas en el artículo 2.3). Son todas ellas organizaciones con estructura legal y personalidad jurídica, inscritas en su registro correspondiente, de acción voluntaria, no lucrativas, privadas, autogobernadas y autogestionadas, con sede y actividad en el País Vasco. Su finalidad principal es promover la inclusión social y la cooperación al desarrollo. La ley define a las organizaciones de iniciativa social con los caracteres siguientes:

a) ser de acción voluntaria, total o parcialmente
b) formar parte de la sociedad civil, surgir de ella y para ella
c) tener carácter privado, ser una institución separada de la administración y autogobernada
d) no tener carácter lucrativo, no perseguir la distribución de beneficios económicos y reinvertirlos en la misión de la organización
e) tener carácter participativo para la toma de decisiones, conforme a la normativa aplicable a su forma jurídica.

El legislador autonómico ha considerado necesario tanto fortalecer la propia estructuración del sector social como incentivar su colaboración con el sector público y otros sectores y agentes, contemplando la participación de las redes del sector social en la Mesa de Diálogo Civil de Euskadi y en su Consejo Económico y Social.

La nueva Ley, en su capítulo I, caracteriza y configura el que denomina "tercer sector social de Euskadi", conformado por las organizaciones de iniciativa social que realizan actividades en el ámbito de la intervención social, incluida la participación en la provisión de servicios de responsabilidad pública que, en dicho ámbito, se entiende como servicios sociales de interés general. Se prevé la creación de un censo de estas organizaciones en el País Vasco y se sientan los principios sobre los que sustentan.

El capítulo II concreta el principio del diálogo civil, contemplando la participación de este sector en la elaboración, ejecución, seguimiento y evaluación de las políticas públicas en el ámbito de la intervención social. Dicha participación se articula, entre otros medios, a través de la Mesa de Diálogo Civil de Euskadi y del Consejo Económico y Social vasco.

En el capítulo III se avanza en la definición del alcance de la relación entre el sector social y el sector público, estableciéndose en términos de cooperación y colaboración en la ejecución de las políticas de acción social. La Ley concreta la necesidad de cooperar tanto en la gestión de los sistemas de responsabilidad pública y de los espacios de interacción entre sistemas como en la provisión de servicios de responsabilidad pública. Para articular esta relación de cooperación y colaboración, la norma se remite a tres instrumentos previstos en la Ley 12/2008, de 5 de diciembre, de Servicios Sociales: los regímenes especiales de concierto social, los convenios y los acuerdos marco de colaboración. También establece una serie de obligaciones adicionales para las organizaciones que colaboren con las administraciones públicas con la finalidad de asegurar una gestión ética y transparente de ellas.

Por último, el capítulo IV contempla la acción de promoción del tercer sector social del País Vasco por parte del sector público, recogiendo, entre otras, medidas de apoyo al desarrollo de infraestructuras, la realización de inversiones, el impulso de la actividad económica de las organizaciones del tercer sector social y la colaboración con el sector empresarial.

6. El modelo vasco en el contexto de la Unión Europea

El marco jurídico que configura la Ley del tercer sector social de Euskadi, está dirigida a las entidades del ámbito social a las que denomina *organizaciones de iniciativa social*. Por consiguiente, la ley podría haberse llamado "ley de iniciativa social de Euskadi", en lugar de hacer alusión al tercer sector. Creemos que tal vez hubiera sido más acorde con su espíritu y su enfoque unitario, ya que la referencia al tercer sector puede inducir a confusión. Nos puede hacer pensar que, a semejanza del ordenamiento jurídico español, la ley vasca responde a un modelo dual basado en la distinción entre la economía social y el tercer sector. Sin embargo, contrariamente a la legislación española, entendemos que la noción de *organización de iniciativa social* de la Ley vasca encaja con la noción de *empresa social* de la Unión Europea, recogida en la *Initiative* (European Commission 2011b) y en el Reglamento (UE) Nº 346/2013.

A este respecto, es entendible que pueda surgir una primera duda acerca de si "organización de iniciativa social" y "empresa social" significan lo mismo. También es entendible pensar, tal vez, que con el término "organización" el legislador vasco ha querido referirse a un concepto más amplio en el que se pudieran incluir organizaciones de carácter empresarial y no empresarial. Estas hipótesis y otros que pudieran plantearse nos conducen a tratar de esclarecer la cuestión como paso previo para construir un enfoque interpretativo válido.

A tal fin y partiendo del hecho de que, en principio, las normas deben interpretarse según el sentido propio de sus palabras (artículo 3.1 Código Civil), comenzaremos por indicar, por un lado, que la palabra *organización* nos reporta la idea de una colectividad considerada como una unidad. El vocablo se usa normalmente para referirse a cualquier corporación, compañía, institución, etc. Muchas veces se usa también como sinónimo de persona jurídica. Por otro lado, por lo que respecta al término *empresa*, se utiliza de forma general para hacer referencia a aquellas organizaciones dedicadas a desarrollar actividades económicas y también para referirse a personas jurídicas (Harding 2004, 40). Así pues, como punto de partida de nuestra reflexión, diremos que resulta difícil obviar el hecho de que ambos términos indican unos conceptos muy amplios y que pueden confluir en gran medida. Si bien el legislador vasco ha preferido utilizar el término *organización* en lugar de *empresa*, podemos y debemos considerar que ambos términos cumplen una función similar y, por tanto, pueden ser utilizados como equivalentes (Arrieta 2014, 39). En la propia ley vasca encontramos algunas otras señales, como las alusiones a las empresas en el artículo 2, que nos conducen a extraer esta conclusión.

En el ámbito de la Unión Europea, la *Initiative* (European Commission 2011b) y el Reglamento (UE) N° 346/2013 prevén un modelo de empresa social basado en tres principios o elementos configuradores: 1) un objetivo social de interés común: 2) la reinversión de los beneficios o ausencia de ánimo de lucro y 3) la gobernanza. Si bien los caracteres configuradores de los artículos 3 y 2 de la Ley del tercer sector social de Euskadi no siguen exactamente esa misma sistemática, interesa averiguar si el contenido de la ley puede llegar a encajar con ellos. Veamos si puede establecerse una conexión o equivalencia entre la una y los otros.

Como primero de los elementos configuradores de la empresa social, la *Initiative* (European Commission 2011b) exige tener un objetivo social de interés común. Ésa dice ser la razón de ser de la acción (más o menos comercial) de este tipo de empresas, que se traduce a menudo en un alto nivel de innovación social. Pues bien, ahí el encaje se presenta sencillo dadas las alusiones del artículo 2.1 y los caracteres a) y b) del artículo 3 de la ley vasca, que ya hemos mencionado en el apartado anterior.

El segundo de los elementos que definen la empresa social en el marco comunitario exige que los beneficios se reinviertan "principalmente" en la realización del objetivo social de interés común (artículo 3.1.d.iii del Reglamento (UE) 346/2013). No se exige que se reinviertan totalmente en dicho objetivo, se permite un cierto nivel de reparto. Esta flexibilidad se debe a que, de lo contrario, se obstaculizaría la entrada a las diversas modalidades de financiación privada y se generaría el riesgo de que el acceso a la financiación de estas empresas quedara únicamente en manos del crédito bancario. Pero, a pesar de la flexibilidad, el principio de preferencia de la reinversión es básico. De hecho, es el elemento clave para caracterizar las empresas sociales y distinguirlas de aquellas otras empresas que se limitan a desarrollar estrategias de responsabilidad social empresarial (Katz and Page 2010, 89; Page and Katz 2011, 1381).

En el caso de este segundo elemento, la ley vasca se muestra más contundente, más restrictiva que la normativa europea. Exige literalmente "la obligación de reinvertir cualquier eventual beneficio en la misión de la organización o, lo que es lo mismo, la imposibilidad de distribuir beneficios" (artículo 3.d). El artículo 2.3.b) contempla la posibilidad de considerar miembros del tercer sector social de Euskadi las entidades que no cumplan alguno de los requisitos previstos en el artículo 3, en algunos casos. Pero, incluso para estos casos, la ley exige expresamente el carácter no lucrativo de su actividad. Dice que "en el caso de las sociedades mercantiles, se entenderá como carácter no lucrativo la previsión estatutaria de la obligación de reinversión de los beneficios en las actividades que constituyen su objeto social". Un entendimiento sistemático y conforme con el modelo comunitario, tal vez, nos obliga a proponer una lectura flexible de la ley, es decir, que implique la aplicación de los resultados "principalmente" en el fin social objeto de la entidad, entendiendo asimismo que con la expresión fin social se hace alusión al *objetivo social* de interés común, al que se refiere el primer elemento configurador. Esa podría ser una reorientación que, a nuestro modo de ver, es posible y que habría que proyectar.

El tercer elemento definidor de la noción europea de empresa social, reclama un modo de organización o régimen de propiedad, basado en principios democráticos o participativos u orientados a la justicia social, por ejemplo, con una estructura salarial reducida (European Commission 2011b, 3). Con esta formulación tan abierta puede dar cabida a todo tipo de estructuras empresariales y de figuras jurídicas (Fajardo 2012b, 254). Por tanto, en este enunciado caben sin problemas los apartados c) y e) del artículo 2 de la Ley del tercer sector social de Euskadi referidos a la autonomía de gestión y a la participación en la gestión.

Así pues, tomando como base los aspectos analizados hasta el momento, diremos que con la ley vasca nos encontramos ante un marco jurídico que juzgamos de muy satisfactorio, aunque hemos planteado algunos retoques o propuestas de mejora.

A nuestro modo de ver, el modelo de la ley no es incompatible con el europeo, pero puede llegar a entenderse un modelo más restrictivo, algo que es preferible evitar.

7. Conclusiones

Por las razones expuestas, debe admitirse la idea de que la nueva economía social constituye una confluencia de lo que tradicionalmente se han considerado *tercer sector* y *economía social*. Por tanto, hoy en día, cualquier regulación en esta materia debería asentarse sobre un enfoque unitario de este sector de la economía. Ello permite abarcar a toda una multitud de organizaciones, entidades o empresas que, como actores de este sector económico específico, comparten unos mismos elementos en común.

A este respecto, la Unión Europea opera sobre la base de un enfoque unitario, cuyo elemento central es la empresa social definida de una forma simple y pragmática para todos los estados miembros y todo tipo de entidades. El modelo comunitario define la empresa social en función de tres elementos configuradores: i) un objetivo social de interés común; ii) la preferencia de reinvertir los beneficios en ese objetivo (ausencia de ánimo de lucro) y iii) la gobernanza. Esta sencillez le proporciona el beneficio de la flexibilidad, ya que le permite integrar organizaciones de muy diversa índole y todo tipo de formas jurídicas.

Sin embargo, el ordenamiento jurídico español responde básicamente a un enfoque dual que distingue entre la economía social y el tercer sector. Ello genera problemas por lo que se propone realizar ajustes a fin de encajar con el marco comunitario que entendemos resulta ineludible. Entendemos que con una lectura flexible de la normativa sería posible realizar una interpretación sistemática que proporcione unidad al sistema, en coherencia con el marco jurídico europeo.

Ante todo, es preciso evitar las incoherencias intranormativas que se desprenden de una interpretación literal de la ley española.

La comunidad Autónoma del País Vasco, por el contrario, ha desarrollado un enfoque unitario teniendo en cuenta la nueva economía social. Este enfoque se integra sin problemas en el modelo de la Unión Europea, aunque resulta algo más restrictivo que aquél.

A pesar de la variedad de normas, instituciones y organizaciones a las que nos hemos referido a lo largo del trabajo (*organizaciones del tercer sector social*, *entidades del tercer sector de acción social*, *entidades de la economía social* y la *empresa social*), entendemos que son categorías jurídicas equivalentes, actores de la nueva economía social que deben encajar con el esquema y principios básicos del modelo de empresa social diseñado en la *Initiative Creating a favourable climate for social enterprises* de la Comisión Europea.

Como comentario final queremos añadir que nada impide que, desde el Derecho interno de cada Estado, región o Comunidad Autónoma, se pueda contar con un modelo propio, distinto del modelo comunitario, siempre y cuando sea compatible con éste. Además de la perspectiva jurídica, atendiendo a un punto de vista pragmático, tampoco conviene desdeñar la incidencia que para nuestras organizaciones tiene la noción comunitaria de empresa social. Es conveniente que nuestras organizaciones presenten un perfil similar o que, al menos, encajen con aquélla. Contar con un modelo coincidente o análogo en el Derecho interno les puede aportar una ventaja interesante. No olvidemos que el Consejo de la Unión Europea aprobó en 2013 las normas que regirán las inversiones de la política de cohesión de la Unión Europea para el período 2014-2020 (Consejo de la Unión Europea 2013), con una inversión importante dedicada a la economía social y a las empresas sociales (Comisión Europea 2013).

Ésta es otra razón más para entender que el modelo comunitario de empresa social debe ser la referencia básica que guíe la configuración legal de lo que la Ley del tercer sector social de Euskadi denomina organizaciones de iniciativa social u organizaciones del tercer sector social.

Bibliografía

Alfonso, Rosalía. 2010. "Algunas consideraciones en torno a la propuesta de ley marco de economía social", *REVESCO-Revista de Estudios Cooperativos* 102: 79-108.

---------- 2015. "Los principios cooperativos como principios configuradores de la forma social cooperativa", *CIRIEC-España, Revista Jurídica* 27: 1-36.

Altzelai, M. Igone. 2016. "Otro enfoque para las entidades de la economía social", *CIRIEC-España, Revista Jurídica* 28: 1-37.

Argudo, José Luis. 2002. "El tercer sector y la economía social", *Revista de Acciones e Investigaciones Sociales* 15: 239-263.

Arrieta, Francisco Javier. 2014. "Concreción de las entidades de la economía social", *REVESCO-Revista de Estudios Cooperativos* 116: 33-56.

Calvo, Juan, "La nueva Ley 43/2015 de 9 de octubre, del tercer sector de acción social: un nuevo marco de actuación para las entidades del tercer sector, *Aranzadi Doctrinal* 11, 2015, p. 1-9.

Chaves, Rafael and José Luis Monzón. 2001. "Economía social y sector no lucrativo: actualidad científica y perspectivas", *CIRIEC-España* 37: 7-33.

Consejo de la Unión Europea. 2013. Reglamento (UE, EURATOM) Nº 1311/2013 del Consejo, de 2 de diciembre de 2013, por el que se establece el marco financiero plurianual para el período 2014-2020, *DOUE* l 347, de 20.12.13.

Crespo, Teresa. 2013. "Una nueva relación del tercer sector y la economía social", *Cuadernos de Trabajo Social* 26, nº1: 65-74.

Defourny, Jacques and Marthe Nyssens. 2010. Conceptions of Social Enterprise and Social Entrepreneurship in Europe and the United States: Convergences and Divergences, *Journal of Social Entrepreneurship* 1: 32-53.

European Commission, 2010a. "Communicación from the Commission, Europe 2020. A Strategy for Smart, Sustainable and Inclusive Growth", Brussels, 3.3.2010, COM(2010) 2020 final.

----------. 2010b. "Communication from the Commission to the European Parliament, the Council, the European Economic and social Committee and the Committee of the Regions Europe 2020 flagship initiative Innovation Union", Brussels 6.10.2010, COM(2010) 546 final.

----------. 2010c. "Communication from the Commission to the European Parliament, the Council, the European Economic and social Committee and the Committee of the Regions, The European Platform against Poverty and Social Exclusion: A European framework for social and territorial cohesion", Brussels 16.12.2010, COM(2010) 758 final.

----------. 2011a. "Communication from the Commission to the European Parliament, the Council, the European Economic and social Committee and the Committee of the Regions, Single Market Act, Twelve levers to boost growth and strengthen confidence, Working together to create new growth", Brussels 13.4.2011, COM(2011) 206 final.

----------. 2011b. "Communication from the Commission to the European Parliament, the Council, the European Economic and Social Committee and the Committee of the Regions, Social Business Initiative Creating a favourable climate for social enterprises, key stakeholders in the social economy and innovation", Brussels, 25.10.2011, COM(2011) 682 final.

----------. 2013. "Comunicación Communication from the Commission to the European Parliament, the Council, the European Economic and Social Committee and the Committee of the Regions, Towards Social Investment for Growth and Cohesion-including implementing the European Social Fund 2014-2020", Bruselas, 20.2.2013, COM(2013) 83 final.

European Parliament. 2013. "Regulation (EU) No 346/2013 of the European Parliament and of the Council of 17 April 2013 on European social entrepreneurship funds", *OJEU* L 115 of 25.4.2013: 18-38.

Fajardo, Gema. 2012ª. "El concepto legal de economía social y la empresa social", *Revista Vasca de Economía Social. GEZKI* 8: 63-84.

----------. 2012.b. "Las empresas de economía social en la Ley 5/2011, de 29 de marzo", *Revista de Derecho de Sociedades* 38: 245-280.

García Montoro, Lourdes. 2015. "Nueva ley en apoyo de los sectores sociales marginados a través de las entidades del tercer sector de acción social", *Centro de Estudios de Consumo-Universidad de Casstilla la Mancha,* en: www.uclm.es/centro/cesco (last accessed November 27, 2017).

Harding, Rebeca. 2004. "Social Enterprise: The New Economic Engine", *Bisiness Strategy Review,* Winter: 39-43.

Katz, Robert A. and Antony Page. 2010. "The Role of Social Enterprise", *Vermont Law Review* 35: 59-104.

Marbán, Vicente and Gregorio Rodríguez. 2013. "Sistemas mixtos de protección social. El tercer sector en la producción del bienestar", *Presupuesto y Gasto Público* 71, 2013, 61-82.

Monzón, José Luis. 2006. "Economía social y conceptos afines: fronteras borrosas y ambigüedades conceptuales del tercer sector", *CIRIEC-España, Revista de Economía Pública, Social y Cooperativa* 56: 9-24.

Page, Antony and Robert A. Katz. 2012. "Is Social Enterprise the New Corporate Social Responsibility?", *Indiana University Robert H. McKinney School of Law Research Paper* 05, http://digitalcommons.law.seattleu.edu/cgi/viewcontent.cgi?article=2047&context=sulr (last accessed November 27, 2017)

Paniagua, Manuel. 2011. *Las empresas de la economía social. Más allá del comentario a la ley 5/2011, de economía social*, Marcial Pons, Madrid.

Paz, Narciso. *Comentario sistemático a la Ley 5/2011, de economía social,* Tirant lo Blanch, Valencia, 2012.

Sánchez, Luis Ángel y Emilio Pérez. 2015. "Las entidades de la economía social como protagonistas de un nuevo modelo de emprendimiento y medidas legales de apoyo al emprendimiento", *CIRIEC* 84: 35-62.

Social Economy Europe, http://www.socialeconomy.eu.org (last accessed November 27, 2017)

UK Government, 2002. *Social Enterprise: a strategy for success*, Department of Trade and Industry, London, en: http://webarchive.nationalarchives.gov.uk/+/http://www.dti.gov.uk/socialenterprise/strat_success.htm

----------. 2011. *A Guide to Legal Forms for Social Enterprise,* Department for Business, Innovation & Skills, London, en: https://www.gov.uk/government/uploads/system/uploads/attachment_data/file/31677/11-1400-guide-legal-forms-for-social-enterprise.pdf (last accessed November 27, 2017)

El marco jurídico de la economía social en Euskal Herria

Aitor Bengoetxea Alkorta

GEZKI
Gizarte Ekonomia eta Zuzenbide Kooperatiboaren Institutua
Instituto de Derecho Cooperativo y Economía Social
Universidad del País Vasco / Euskal Herriko Unibertsitatea[32]

El marco jurídico de la economía social en Euskal Herria

En el presente trabajo se ha procurado exponer el marco jurídico de la economía social en Euskal Herria, en función de los diversos espacios jurídicos concurrentes: europeo, francés, español, y vasco.

El objetivo ha sido analizar las competencias normativas que tienen en la materia los poderes públicos vascos, en función de la situación de los diversos territorios que componen Euskal Herria. Distinguiendo el supuesto de Ipar Euskal Herria (Lapurdi, Zuberoa, y Behe Nafarroa); y el caso de Hego Euskal Herria, con regímenes jurídicos distintos para la Comunidad Foral de Navarra (CFN), y de la Comunidad Autónoma Vasca (CAV), que engloba a Araba, Bizkaia, y Gipuzkoa.

A partir de ahí, el criterio que se ha seguido para seleccionar la normativa ha sido claro: normativa aplicable en Euskal Herria.

El objeto de análisis ha sido la economía social en general, y también el derecho de cada una de las entidades que la conforman, de acuerdo al catálogo que arroja el estudio conjunto de las normas básicas de la economía social de Francia y España: cooperativas; mutuas y mutualidades; asociaciones; fundaciones; sociedades laborales; empresas de inserción; centros especiales de empleo; sociedades agrarias de transformación; y cofradías de pescadores.

Se ha comenzado por el Reglamento comunitario sobre la Sociedad Cooperativa Europea (SCE), única norma aplicable al conjunto de Euskal Herria. Después se ha expuesto, en cada caso, la normativa española, de la CAV o de la CFN que corresponda.

En todos los casos, por motivos metodológicos y de espacio, el análisis no ha ido mucho más allá del concepto jurídico básico de la economía social, en general, y de cada una de sus entidades, en particular.

Mención específica merece el supuesto de las cooperativas, eje del propio concepto de economía social, y único supuesto donde encontramos ley propia de la CFN y de la CAV. No debe ser ajena ello la arraigada tradición y actual pujanza del movimiento cooperativo vasco, referente mundial en la materia.

En definitiva, el propósito del presente estudio ha sido exponer el marco jurídico de la economía social y de sus entidades en el ámbito vasco, para conocer el cauce normativo que deben seguir las iniciativas de economía social que se desarrollan en nuestro territorio.

1.- Distribución de competencias en materia de economía social en Euskal Herria

Para analizar las competencias jurídicas de Euskal Herria en la regulación de la economía social, debemos necesariamente partir desde la actual situación de división en nuestro país.

En Ipar Euskal Herria, las instituciones propias vascas fueron suprimidas en la ola uniformizadora que siguió a la Revolución francesa. Tras más de 200 años de sequía, el 1 de enero de 2017 vió la luz una nueva entidad pública, la Comunidad de Aglomeración del País Vasco (*Communauté d'Agglomération du Pays Basque*).

Esta figura aglutina el conjunto de Ipar Euskal Herria, comprendiendo los tres territorios históricos: Lapurdi, Zuberoa, y Behe Nafarroa.

En el contexto de este trabajo, sobre el marco jurídico de la economía social, hay que subrayar que la nueva Comunidad de Aglomeración tiene competencias en materia de acción política para fomentar el desarrollo económico, pero Ipar Euskal Herria no tiene competencia normativa propia en materia de economía social. Por consiguiente, en lo concerniente a Ipar Euskal Herria estudiaremos la legislación francesa, por ser el marco jurídico que le resulta actualmente aplicable.

En la parte de Hego Euskal Herria la cuestión es, desde la perspectiva de la distribución competencial, mucho más compleja. El Estado español configuró Comunidades Autónomas en la Constitución de 1978 (CE), y dividió Hego Euskal Herria en dos de ellas: Comunidad Foral de Navarra (Nafarroa), y Comunidad Autónoma Vasca (Araba, Bizkaia, y Gipuzkoa).

En materia de economía social, encontramos la referencia principal en el art. 149.1.13 de la CE, cuando atribuye al Estado español la competencia exclusiva en materia de bases y coordinación de la planificación general de la actividad económica. En coherencia con ello, el art. 148.1.13 del propio texto constitucional permite a las Comunidades Autónomas asumir competencias en materia de fomento del desarrollo económico de la Comunidad Autónoma dentro de los objetivos marcados por la política económica del Estado.

Por lo tanto, en la materia genérica de economía social, al estado le corresponde la legislación básica y la coordinación; mientras tanto, las Comunidades Autónomas pueden promulgar legislación propia sobre economía social, pero siempre dentro del marco estatal, y desarrollando la legislación básica estatal.

En uso de esa habilitación constitucional, el Estatuto de Autonomía de Euskadi asumió, como competencia exclusiva de la CAV, la promoción, desarrollo económico y planificación de la actividad económica del País Vasco de acuerdo con la ordenación general de la economía[33]. En el mismo sentido, la Comunidad Foral de Navarra ha asumido, con carácter de competencia exclusiva, y de acuerdo con las bases y la ordenación de la actividad económica general, la planificación de la actividad económica y fomento del desarrollo económico dentro de Navarra[34].

Por consiguiente, en trazos gruesos, la distribución competencial en materia de economía social es clara: el Estado se reserva las bases y coordinación, y la CAV y la CFN tienen competencia exclusiva, en el marco de las bases estatales y mediante su desarrollo, para la regulación de la actividad económica en sus respectivos territorios.

Pues bien, en este momento debe ser considerada como norma básica estatal en materia de economía social la Ley 5/2011, de 29 de marzo, de economía social.

Siguiendo la estela de lo dispuesto por dicha ley, las entidades que conforman el sector de la economía social son las siguientes: cooperativas; mutualidades; fundaciones y asociaciones que lleven a cabo actividad económica; sociedades laborales; empresas de inserción; centros especiales de empleo; cofradías de pescadores; y sociedades agrarias de transformación.

Si descendemos a la distribución competencial en cada una de las entidades concretas que conforman la familia de la economía social, podemos observar que la CAV y la CFN han asumido competencia exclusiva en materia de cooperativas[35]; mutualidades[36]; asociaciones[37]; y fundaciones[38]. Además, la CAV ha asumido competencia exclusiva en materia de cofradías de pescadores[39]. Por lo tanto, pueden desarrollar legislación propia en las mencionadas materias.

Quedan fuera de las competencias de CFN y CAV, y en manos del Estado, la ordenación jurídica de las sociedades laborales; empresas de inserción; centros especiales de empleo; y sociedades agrarias de transformación.

2.- El marco de la Unión Europea

En el marco europeo, más allá de algunas iniciativas frustradas[40], la única norma reglamentaria promulgada en materia de economía social ha sido el Reglamento sobre la Sociedad Cooperativa Europea (SCE), que entró en vigor el 21 de agosto de 2003, pero cuya aplicación fue diferida hasta el 18 de agosto de 2006[41]. El Reglamento se ha visto, con posterioridad, complementado por una Directiva sobre implicación de los trabajadores[42].

Cabe destacar que el Reglamento SCE reconoce expresamente que el anteriormente aprobado Reglamento de la Sociedad Anónima Europea[43] no se adecúa a las características específicas de las cooperativas. La misma valoración recibe la figura de la Agrupación Europea de Interés Económico (AEIE)[44], cuando se destaca que no satisface las necesidades específicas de las cooperativas.

El Reglamento SCE constata que la cooperativa es una entidad reconocida en las legislaciones internas de todos los Estados miembros que la componen. Destaca como características de la cooperativa que estamos ante una agrupación de personas, con un modelo de gestión democrática, donde impera la primacía de las personas, y con distribución equitativa de los beneficios. El objetivo de la SCE se configura en torno a la satisfacción de las necesidades de los socios. En caso de disolución, las reservas se adjudicarán a otras entidades cooperativas.

Por lo tanto, la figura de la SCE, dotada de personalidad jurídica propia, pretende fomentar y posibilitar la actividad transnacional de las cooperativas, a escala comunitaria. Se requiere que las personas físicas o jurídicas que las constituyan tengan su residencia, o regulación jurídica en, al menos, dos Estados miembros. El domicilio social de la SCE estará en el mismo Estado miembro que su administración central.

El régimen jurídico de la SCE está en gran parte regulado por el derecho cooperativo del Estado miembro donde la SCE tenga establecido su domicilio social. Por eso, se llega a afirmar que "en realidad, no existe una única cooperativa europea sino 28 SCE, equivalentes al número de Estados miembros[45]".

La SCE deberá registrarse en el Estado miembro de su domicilio social; en el registro que señale la legislación de dicho Estado. La SCE adquirirá personalidad jurídica el día de su inscripción en ese registro.

El capital mínimo para constituir una SCE se establece en 30.000 euros. El órgano soberano de la SCE será su asamblea general, heredera del clásico principio democrático cooperativo "una persona, un voto". Se establece asimismo la obligación de constituir reservas legales irrepartibles.

Cabe destacar que, en un escenario donde la utilización de la fórmula de la SCE ha sido más bien escasa, en Euskal Herria ha sido la figura jurídica utilizada por el movimiento de las ikastolas. Ikastolas que nacen de la iniciativa popular, en el contexto de la oscura noche franquista, para erigir un modelo educativo propio, que se desarrolle en euskera, desde y para Euskal Herria.

Así, en el año 2009, tanto las ikastolas de Hego Euskal Herria (Araba, Bizkaia, Gipuzkoa, y Nafarroa), como las de Ipar Euskal Herria (Behe Nafarroa, Lapurdi, y Zuberoa), se configuraron como SCE, denominada Euskal Herriko Ikastolak Europar Kooperatiba Elkartea.

3.- El marco del Estado francés

Sin duda, la referencia principal de la economía social en el derecho francés es la Ley nº 2014-856, de 31 de julio, relativa a la economía social y solidaria.

Dicha ley entiende el sector de la economía social y solidaria de manera amplia, posible en todos los dominios de la actividad económica humana, en torno a actividades de producción, transformación, distribución, intercambio o consumo de bienes o servicios.

Lo que define a dicho sector, como modelo económico y empresarial peculiar, es que su desarrollo debe mostrar las siguientes características:

- Que su objetivo no sea el mero reparto de beneficios.
- Gobernanza democrática. Que la participación de los diversos agentes implicados en el desarrollo de la empresa no se mida en función de su aportación al capital de la cooperativa.
- Gestión conforme a los siguientes principios:

- Los beneficios se destinan principalmente al objetivo de mantener o desarrollar la actividad de la empresa.
- Las reservas obligatorias son irrepartibles.

Desde el prisma técnico-jurídico, las entidades que desarrollan actividades de economía social y solidaria pueden revestir la siguiente forma jurídica: cooperativas; mutualidades; asociaciones; fundaciones; y sociedades comerciales que respeten los principios de la economía social y solidaria que la propia Ley 2014-856 define.

Así, encontramos una cláusula abierta que permite la incorporación a la economía social de cualquier empresa convencional que cumpla con los principios de ese sector económico singular. Por lo demás, la ley francesa recoge las cuatro figuras típicas de la economía social europea, que coinciden con los arriba mencionados cuatro casos, el primero recogido en Reglamento europeo y los otros tres en proyectos que aún no han visto la luz: cooperativas, mutualidades, asociaciones, y fundaciones.

Las cooperativas fueron reguladas en derecho francés, hace ya más de 70 años, mediante la Ley nº 47-1775, de 10 de septiembre de 1947, sobre el Estatuto de la Cooperación. Se define la cooperativa como sociedad formada por varias personas voluntariamente unidas para satisfacer sus necesidades económicas o sociales mediante su esfuerzo conjunto.

La actividad cooperativa debe guiarse por los siguientes cinco principios, coincidentes con cinco de los siete principios establecidos por la Alianza Cooperativa Internacional (ACI): adhesión voluntaria y abierta a todos (1º principio ACI); gobernanza democrática (2º principio ACI); participación económica de sus miembros (3º principio ACI), capacitación de esos miembros (5º principio ACI); y la intercooperación (6º principio ACI)[46].

Las mutualidades se regulan mediante la Ordenanza nº 2001-350, de 19 de abril de 2001, sobre el Código de la Mutualidad. Son personas jurídico-privadas sin fin de lucro, dedicadas básicamente a la actividad aseguradora. Llevan a cabo, mediante las contribuciones pagadas por sus miembros, y en interés de los mismos y sus sucesores, una acción de solidaridad y asistencia mutua. Dicha ley prevé asimismo las Uniones, que son entidades de segundo grado, creadas por mutualidades o por otras Uniones[47]. Junto a las mutualidades, la Ley 2014-856 recoge las mutuas de seguros, reguladas en el Código del Seguro[48].

La asociación se define en derecho francés como el acuerdo mediante el cual dos o más personas reúnen permanentemente su conocimiento o actividad para un propósito que no sea compartir las ganancias[49]. De manera que lo que caracteriza a la asociación es que tiene un objeto no lucrativo. Por su parte, la fundación es el acto mediante el cual una o más personas naturales o jurídicas deciden la asignación irrevocable de bienes, derechos o recursos para la realización de una obra de interés general y sin fines de lucro[50].

4.- El marco del Estado español

Encontramos la ley marco sobre la materia en la Ley 5/2011, de 29 de marzo, de economía social. Dicha ley denomina economía social al conjunto de las actividades económicas y empresariales, que en el ámbito privado llevan a cabo aquellas entidades que, de conformidad con los principios de la economía social, persiguen bien el interés colectivo de sus integrantes, bien el interés general económico o social, o ambos.

Los mencionados principios son los siguientes:

- Primacía de las personas y del fin social sobre el capital, que se concreta en gestión autónoma y transparente, democrática y participativa, que lleva a priorizar la toma de decisiones más en función de las personas y sus aportaciones de trabajo y servicios prestados a la entidad o en función del fin social, que en relación a sus aportaciones al capital social.
- Aplicación de los resultados obtenidos de la actividad económica principalmente en función del trabajo aportado y servicio o actividad realizada por las socias y socios o por sus miembros y, en su caso, al fin social objeto de la entidad.
- Promoción de la solidaridad interna y con la sociedad que favorezca el compromiso con el desarrollo local, la igualdad de oportunidades entre hombres y mujeres, la cohesión social, la inserción de personas en riesgo de exclusión social, la generación de empleo estable y de calidad, la conciliación de la vida personal, familiar y laboral y la sostenibilidad.
- Independencia respecto a los poderes públicos.

A partir de ahí, la ley incluye a las siguientes entidades en la familia de la economía social: cooperativas, mutualidades, fundaciones y asociaciones que lleven a cabo actividad económica, sociedades laborales, empresas de inserción, centros especiales de empleo, cofradías de pescadores, y sociedades agrarias de transformación[51].

Pasemos a exponer el concepto jurídico de cada una de ellas, con excepción de las cooperativas y las cofradías de pescadores, porque existe normativa propia sobre dichas entidades en el ámbito propio de Hego Euskal Herria.

En el caso de mutualidades, fundaciones, y asociaciones, más arriba hemos visto que tanto la Comunidad Foral de Navarra como la Comunidad Autónoma Vasca han asumido competencia exclusiva, en sus respectivos Estatutos de Autonomía, con respecto a esas tres materias. En desarrollo de esas previsiones estatutarias, se trata actualmente de entidades con regulación propia en la Comunidad Autónoma Vasca, pero no en la Comunidad Foral de Navarra, que no ha utilizado su capacidad normativa en esas tres materias.

Por lo tanto, analizaremos la normativa española con respecto a esas tres entidades, porque resulta aplicable en la CFN, aunque no en la CAV. Con respecto a las mutualidades, hay que entender que el legislador se está refiriendo a mutuas de seguros y mutualidades de previsión social, y no exclusivamente a las segundas, aunque la dicción literal del art. 5 de la ley se limite a dichas "mutualidades"[52].

Las mutuas de seguros se definen como sociedades mercantiles sin ánimo de lucro, que tienen por objeto la cobertura a los socios, sean personas físicas o jurídicas, de los riesgos asegurados mediante una prima fija pagadera al comienzo del período del riesgo[53]. Por consiguiente, es la ausencia de ánimo de lucro lo que las caracteriza frente a las compañías aseguradoras convencionales, guiadas por el fin lucrativo.

Las mutualidades de previsión social también operan en el ámbito asegurador, pero en el específico campo del nivel complementario y voluntario, con respecto a la seguridad social obligatoria[54]. Así, se definen legalmente como entidades que ejercen una modalidad aseguradora de carácter voluntario complementaria al sistema de Seguridad Social obligatoria, mediante aportaciones de los mutualistas, personas físicas o jurídicas, o de otras entidades o personas protectoras[55].

Las fundaciones son organizaciones constituidas sin fin de lucro que, por voluntad de sus creadores, tienen afectado de modo duradero su patrimonio a la realización de fines de interés general[56].

Las asociaciones, por su parte, se constituyen mediante acuerdo de tres o más personas físicas o jurídicas legalmente constituidas, que se comprometen a poner en común conocimientos, medios y actividades para conseguir unas finalidades lícitas, comunes, de interés general o particular, y se dotan de los Estatutos que rigen el funcionamiento de la asociación[57].

La sociedad laboral es una figura jurídica peculiar de la legislación española, que no existe en derecho europeo comparado, ni en derecho comunitario. Se trata de una sociedad limitada o sociedad anónima, en la que la mayoría del capital social sea propiedad de trabajadores que presten en ellas servicios retribuidos de forma personal y directa, en virtud de una relación laboral por tiempo indefinido. Además, ninguno de los socios puede tener más de la tercera parte del capital social[58].

Por lo tanto, en la sociedad laboral encontramos en origen una sociedad mercantil capitalista convencional, sociedad limitada o sociedad laboral. Pero la circunstancia de que la mayoría del capital social pertenezca a las personas trabajadoras de la propia empresa, empujan a esta figura hasta el ámbito de la economía social, como fórmula de autoempleo colectivo.

Las empresas de inserción son entidades donde se desarrolla el empleo protegido de un colectivo específico de personas trabajadoras: aquellas que se encuentran en situación de exclusión social. Se definen legalmente como sociedad mercantil o sociedad cooperativa legalmente constituida, que realice cualquier actividad económica de producción de bienes y servicios, cuyo objeto social tenga como fin la integración y formación sociolaboral de personas en situación de exclusión social como tránsito al empleo ordinario[59]. Dichas empresas deberán tener en su plantilla personal en proceso de inserción, al menos el treinta por ciento durante los primeros tres años de actividad, y al menos el cincuenta por ciento del total de la plantilla a partir del cuarto año.

Por consiguiente, lo que caracteriza a las empresas de inserción no es su forma jurídica, que será cooperativa o de sociedad mercantil, sino su objeto social, que necesariamente estará guiado por la finalidad de proporcionar empleo a personas en situación de exclusión social.

Los centros especiales de empleo muestran una notable similitud con respecto a las empresas de inserción, pero tomando como objeto el empleo protegido de otro colectivo desfavorecido: las personas con discapacidad.

Son empresas cuyo objetivo principal es el de realizar una actividad productiva de bienes o de servicios, participando regularmente en las operaciones del mercado, y tienen como finalidad el asegurar un empleo remunerado para las personas con discapacidad; a la vez que son un medio de inclusión del mayor número de estas personas en el régimen de empleo ordinario[60]. Un mínimo del 70% de la plantilla de los centros especiales de empleo debe estar constituida por personas con discapacidad.

Los centros especiales de empleo pueden ser de titularidad pública o privada, y carecer o no de ánimo de lucro. Es la función social de dichas empresas, en favor del empleo de personas con discapacidad, la que determina su inclusión en el ámbito de la economía social.
Por último, las sociedades agrarias de transformación son sociedades civiles de finalidad económico-social en orden a la producción, transformación y comercialización de productos agrícolas, ganaderos

o forestales, la realización de mejoras en el medio rural, promoción y desarrollo agrarios y la prestación de servicios comunes que sirvan a aquella finalidad[61]. Se trata de entidades que desarrollan su actividad, en el ámbito agrario, de acuerdo con los principios de la economía social.

5.- El marco vasco

Observaremos en este apartado las cinco figuras jurídicas que han sido reguladas por la normativa de la Comunidad Foral Navarra (cooperativas); y por la normativa de la Comunidad Autónoma Vasca (cooperativas, mutualidades, asociaciones, fundaciones, y cofradías de pescadores).

Comenzando por la ley navarra, define la cooperativa como la sociedad que, ajustándose en su organización y funcionamiento a los principios formulados por la Alianza Cooperativa Internacional en los términos establecidos en la Ley Foral, realiza, en régimen de empresa en común, cualquier actividad económico-social al servicio de sus miembros y en interés de la comunidad[62].

Por consiguiente, con buen criterio, a mi juicio, la ley navarra remite la relación de características que las cooperativas deben reunir a los principios de la ACI; adhesión voluntaria y abierta; control democrático por parte de los miembros; participación económica de los socios; autonomía e independencia; educación, capacitación e información; intercooperación; e interés por la Comunidad (Alianza Cooperativa Internacional, 1995).

Por su parte, la ley de cooperativas de la CAV, más antigua, caracteriza la cooperativa como aquella sociedad que desarrolla una empresa que tiene por objeto prioritario la promoción de las actividades económicas y sociales de sus miembros y la satisfacción de sus necesidades con la participación activa de los mismos, observando los principios del cooperativismo y atendiendo a la comunidad de su entorno[63].

En el caso de la CAV, aunque no se mencione expresamente a la ACI, necesariamente debemos entender que los principios cooperativos que deben cumplirse son los enumerados por dicha entidad, que representa al movimiento cooperativo mundial.

En lo que respecta a las mutualidades, se definen como entidades de previsión social voluntaria, cuyo fin es ejercer la previsión social voluntaria o complementaria a la Seguridad Social, en el ámbito de la Comunidad Autónoma del País Vasco[64].

Entre los principios informadores de la actividad de dichas entidades aseguradoras, en contraposición a otras que operan en el mercado, destacan la ausencia de ánimo de lucro, y la estructura y composición democrática de sus órganos de gobierno. Ello les lleva a su inclusión en el ámbito de la economía social.

Por su parte, en la normativa CAV, las fundaciones se definen como organizaciones constituidas sin fin de lucro que, por voluntad de las personas fundadoras, tienen afectado de modo duradero su patrimonio a la realización de fines de interés general[65]. Las asociaciones, partiendo de la base de que todas las personas tienen derecho a asociarse libremente para la consecución de fines lícitos, se caracterizan como entidades privadas de base personalista y sin ánimo de lucro, organizadas para la consecución de fines particulares o generales[66].

Por último, las cofradías de pescadores son definidas como corporaciones de derecho público dotadas de personalidad jurídica y capacidad de obrar para el cumplimiento de sus fines, que se instituyen legalmente como cauce participativo y colaborador del sector pesquero con las Administraciones públicas en defensa del interés general de la pesca, el marisqueo y la acuicultura, y de la organización y comercialización de sus productos[67].

Llama poderosamente la atención la circunstancia de que las cofradías de pescadores sean corporaciones de derecho público, incluidas en el ámbito de la economía social por la ley de economía social, cuando la propia ley manifiesta explícitamente que la economía social se desarrolla en el ámbito privado.

Parece una contradicción evidente[68]. Además, está el escollo, difícil de salvar para una corporación de derecho público, de la necesaria independencia de las entidades de la economía social con respecto a los poderes públicos, 4º principio de la ACI que la ley de economía social también recoge expresamente.

6.- Conclusiones

A lo largo del estudio hemos procurado deslindar el complejo marco de las competencias jurídicas de los poderes públicos de Euskal Herria en materia de economía social.

En Ipar Euskal Herria, ante la falta de competencia normativa en la materia de la Comunidad de Aglomeración del País Vasco, institución pública que engloba sus tres territorios históricos, hemos estudiado la legislación francesa.

Legislación francesa que cuenta con una ley marco que abarca el conjunto de la economía social y solidaria, para después descender a la regulación específica de cooperativas, mutualidades, asociaciones y fundaciones. En la legislación francesa hemos encontrado, *mutatis mutandis*, conceptos universalmente aceptados sobre la economía social en general, y sobre las figuras de cooperativas, mutualidades, asociaciones, y fundaciones. Se trata del marco que permite y fomenta el desarrollo de iniciativas de economía social en Ipar Euskal Herria.

En el ámbito de Hego Euskal Herria, hemos visto el sistema de distribución competencial que han configurado la Constitución española, y los Estatutos de autonomía de la Comunidad Foral Navarra y de la Comunidad Autónoma Vasca.

En el derecho positivo actual, debemos acudir a la legislación estatal para desarrollar en Hego Euskal Herria iniciativas empresariales en forma de sociedades laborales, centros especiales de empleo, empresas de inserción, o sociedades agrarias de transformación.

Mientras tanto, en la CAV hay norma propia sobre cooperativas, mutualidades, asociaciones, fundaciones, y cofradías de pescadores. En la CFN hay norma propia sobre cooperativas navarras, pero se aplica la ley estatal con respecto al resto de entidades de economía social.

Más allá de la distribución competencial, si atendemos a la regulación sustantiva comparada en los distintos ordenamientos jurídicos (europeo, francés, español, y vasco), no encontramos diferencias sustanciales en la regulación del sector de la economía social, en general, ni tampoco de las diversas entidades que lo conforman. Se trata de instituciones de gran tradición, con características bastante consolidadas, y por eso la regulación sustantiva no difiere de manera notable.

Sin embargo, para matizar esa afirmación general, debemos detenernos en el supuesto específico de las cooperativas. Se trata de la institución nuclear de la familia de la economía social, y la que tiene mayor potencial socioeconómico, incluso como palanca de transformación social, por plantear un sistema económico en términos de cooperación, procurando superar el clásico conflicto entre capital y trabajo.

Cooperativas que son las entidades de más variada regulación jurídico-positiva. Única entidad regulada en derecho europeo, y también única entidad regulada en el derecho navarro. Asimismo, única figura de economía social que encuentra un régimen jurídico propio de ámbito vasco, en sendas normas de la CAV y la CFN.

Pues bien, aunque la perspectiva de este estudio ha sido la de exponer el marco jurídico de la economía social, sin profundizar apenas en los aspectos de contenido, merece la pena ahondar en el supuesto de las cooperativas.

La regulación jurídica de las cooperativas, más allá del mínimo denominador común que podemos encontrar en los principios universales bien definidos por la ACI, encuentra un amplio margen de maniobra, para dilucidar diversas cuestiones de gran calado.

Así, en el caso de las cooperativas de trabajo asociado, las normativas de la CFN y de la CAV pueden optar entre diversos grados de autogestión en las condiciones de trabajo de las personas socias-trabajadoras. Actualmente la ley navarra ha optado por la autogestión pura, dejando al margen las referencias del derecho del trabajo. La ley de la CAV casi lo mismo, pero con el único condicionante del salario mínimo interprofesional laboral. En derecho cooperativo comparado, encontramos modelos diametralmente opuestos, como el de la Ley de cooperativas de Extremadura, que establece la aplicación del derecho laboral, en bloque, a las personas socias-trabajadoras.

En otros muchos aspectos del régimen jurídico cooperativo también caben distintas opciones de gran calado, como los casos del número mínimo de personas para poder constituir una cooperativa; capital mínimo; margen de actuación de socios que aportan sólo capital; permisividad con respecto al trabajo asalariado en las cooperativas; fiscalidad; régimen económico de los fondos de reserva; régimen de imputación de pérdidas a las personas socias; y un largo etcétera.

En definitiva, podemos concluir subrayando que, más allá de las características esenciales, universales, de la economía social y de las entidades que la conforman, las normativas propias de la CFN y de la CAV gozas de un amplio margen de maniobra para el diseño jurídico del régimen jurídico-cooperativo.

Bibliografía

Askunze Elizaga, C., "Empresas de inserción en la economía social. Herramientas para la inclusión sociolaboral", *Revista jurídica de economía social y cooperativa*, CIRIEC-España, 29, 2016, págs. 15-46.

Bengoetxea Alkorta, A., "Las cooperativas", *Revista jurídica de economía social y cooperativa*, CIRIEC-España, 29, 2016, págs. 205-234.

Botana Agra, M.J., y Millán Calenti, R.A., "Cofradías de pescadores", *Revista jurídica de economía social y cooperativa*, CIRIEC-España, 29, 2016, págs. 117-146.

Del Burgo García, U., "El movimiento cooperativo de las ikastolas: su revisión conceptual desde la perspectiva de las empresas sociales", *Revista Vasca de economía social*, GEZKI-Universidad del País Vasco/ Euskal Herriko Unibertsitatea, 10, 2013, págs. 71-96.

Díaz-Aguado Jalón, C., "Las asociaciones", *Revista jurídica de economía social y cooperativa*, CIRIEC-España, 29, 2016, págs. 81-116.

Domínguez Cabrera, M.P., "Los principios de la Economía Social en la Ley de Sociedades Laborales y Participadas", *Revista jurídica de economía social y cooperativa*, CIRIEC-España, 29, 2016, págs. 185-204.

Fici, A., "La sociedad cooperativa europea: cuestiones y perspectivas", *Revista jurídica de economía social y cooperativa*, CIRIEC-España, 25, 2014, págs. 1-54.

Mauleón Méndez, E., y Genovart Balaguer, J.I., "La inclusión de la sociedad agraria de transformación en la Ley de Economía Social. Pretensión del legislador o realidad en la praxis empresarial", *Revista jurídica de economía social y cooperativa*, CIRIEC-España, 29, 2016, págs. 147-184.

Montero Vilar, J.A., Pedrosa Leis, C., y Reza Conde, Mª.C., "Mutualidades de previsión social, economía social y mercado asegurador", *Revista jurídica de economía social y cooperativa*, CIRIEC-España, 29, 2016, págs. 47-79.

Moratalla Santamaría, P., "Centros Especiales de Empleo", Revista jurídica de economía social y cooperativa, CIRIEC-España, 29, 2016, págs. 235-272.

Paniagua Zurera, M., *Las empresas de la economía social. Más allá del Comentario a la Ley 5/2011, de Economía Social*, Marcial Pons, 2011.

Paz Canalejo, N., *Comentario sistemático a la Ley 5/2011, de Economía Social*, Tirant lo Blanch, 2012.

Anexo normativo

Reglamento (CE) nº 1435/2003 del Consejo, de 22 de julio de 2003, relativo al Estatuto de la sociedad cooperativa europea.

Constitución francesa (1958)

Ley nº 2014-856, de 31 de julio, relativa a la economía social y solidaria.

Ley nº 47-1775, de 10 de septiembre de 1947, sobre el Estatuto de la Cooperación.

Ordenanza nº 2001-350, de 19 de abril de 2001, sobre el Código de la Mutualidad.

Decreto nº 76-667 del 16 de julio de 1976, sobre el Código del Seguro.

Ley n° 2003-709 de 1 de agosto de 2003, relativa al mecenazgo, a las asociaciones, y a las fundaciones.

Ley de 1 de julio de 1901, relativa al contrato de asociación.

Ley nº 87-571 de 23 de julio de 1987, sobre el desarrollo del mecenazgo.

Constitución española (1978)

Ley 5/2011, de 29 de marzo, de Economía Social.

Ley 20/2015, de 14 de julio, de ordenación, supervisión y solvencia de las entidades aseguradoras y reaseguradoras.

Ley 50/2002, de 26 de diciembre, de Fundaciones.

Ley Orgánica 1/2002, de 22 de marzo, reguladora del Derecho de Asociación.

Ley 44/2015, de 14 de octubre, de Sociedades Laborales y Participadas.

Ley 44/2007, de 13 de diciembre, para la regulación del régimen de las empresas de inserción.

Real Decreto Legislativo 1/2013, de 29 de noviembre, por el que se aprueba el Texto Refundido de la Ley General de derechos de las personas con discapacidad y de su inclusión social.

Real Decreto 1776/1981, de 3 de agosto, por el que se aprueba el estatuto que regula las sociedades agrarias de transformación.

Ley Orgánica 13/1982, de 10 de agosto, de reintegración y amejoramiento del Régimen Foral de Navarra.

Ley Foral 14/2006, de 11 de diciembre, de Cooperativas de Navarra.

Ley Orgánica 3/1979, de 18 de diciembre, de Estatuto de Autonomía para el País Vasco.
Ley 4/1993, de 24 de junio, de cooperativas de Euskadi.
Ley 5/2012, de 23 de febrero, sobre Entidades de Previsión Social Voluntaria (CAV).
Ley 9/2016, de 2 de junio, de Fundaciones del País Vasco.
Ley 7/2007, de 22 de junio, de Asociaciones de Euskadi.
Ley 16/1998, de 25 junio, de Cofradías de Pescadores (CAV).

Realidad y evolución de la economía social en la Comunidad Autónoma de Euskadi

Aratz Soto Gorrotxategi y Ane Etxebarria Rubio

GEZKI
Gizarte Ekonomia eta Zuzenbide Kooperatiboaren Institutua
Instituto de Derecho Cooperativo y Economía Social
Universidad del País Vasco/Euskal Herriko Unibertsitatea

Realidad y evolución de la economía social en la Comunidad Autónoma de Euskadi

En este capítulo del libro vamos a tratar de plasmar la realidad actual del sector de la economía social en la Comunidad Autónoma de Euskadi, así como su reciente evolución en este comienzo del siglo XXI, presentando y analizando la legislación y los datos socio-económicos del sector. Para cumplir con dicho objetivo nos hemos basado en el trabajo diario que realizamos en el Observatorio Vasco de Economía Social.

El trabajo se divide en tres grandes apartados. En el primero se presenta brevemente el Observatorio Vasco de Economía Social y las áreas de trabajo desde las que se lleva a cabo su labor. En un segundo apartado, se analiza la evolución y situación de las familias más relevantes de la economía social en la CAE, centrando el análisis en la legislación y los datos socio-económicos. Por último, se concluye el capítulo con unas consideraciones finales en cuanto al presente y futuro de la economía social en Araba, Bizkaia y Gipuzkoa.

Para hacer un análisis completo de la realidad del sector, indudablemente, tendríamos que tener en cuenta varias cuestiones que, por razón de espacio, no podremos tratar en profundidad. En este sentido, la investigación se ha centrado en las familias más relevantes, no incluyendo las entidades financieras ni las sociedades agrarias de transformación y cofradías de pescadores. Tampoco se han incluido la totalidad de datos y normativa disponibles en la web del Observatorio[69].

1. El observatorio vasco de economía de economía social

El Observatorio Vasco de Economía Social nació al amparo del Convenio de Colaboración del 30 de diciembre de 2008 firmado entre el Gobierno Vasco, representado por el entonces Consejero de Justicia, Empleo y Seguridad Social, y la UPV/EHU, representada por el Instituto de Derecho Cooperativo y Economía Social (GEZKI), para la implantación progresiva de dicho Observatorio. De esta manera, se daba respuesta a las resoluciones de la Comisión de Trabajo y Acción Social del Parlamento Vasco, publicadas el 25 de abril de 2008 en el BOPV (nº 153), sobre la necesidad de constituir una entidad de estas características (nº8)[70].

El OVES/GEEB nació así con la finalidad de fomentar el desarrollo de la economía social mediante la identificación y cuantificación de su actividad en la Comunidad Autónoma de Euskadi, entendiendo ésta como el sector que aglutina a aquellas entidades de naturaleza privada cuya característica común es que se constituyen para satisfacer necesidades sociales y no para retribuir a inversores capitalistas (Bretos, 2015), tal y como establecen los principios reconocidos en la Ley 5/2011 de economía social[71], que se aprobó posteriormente.

Desde su creación en el 2008, el Observatorio Vasco de Economía Social ha contado con el apoyo de las Universidades vascas, así como de los agentes y personas de prestigio de la economía social vasca.

Las áreas funcionales del OVES/GEEB son principalmente tres:

- Área socio-económica: captación y publicación de datos económicos y socio-laborales de las entidades de economía social, y su entorno socio-económico: empleo, entidades y datos económicos.

- Área jurídico-política: identificación y análisis tanto de la legislación y normativa general vigente y aplicable a la economía social vasca, las políticas públicas dirigidas al sector, y las iniciativas políticas provenientes de las diferentes instituciones políticas.
- Área científico-académica: sistematización de la producción doctrinal sobre la economía social, con el fin de proporcionar soporte a las personas investigadoras en el desarrollo de su actividad, ofreciendo una guía de las principales redes y recursos de investigación en economía social.

2. Legislación y evolución de la economía social en la Comunidad Autónoma de Euskadi

Como ya se ha mencionado, en la Comunidad Autónoma de Euskadi no contamos con una ley propia sobre economía social, sino que existe una norma básica y de carácter general con rango de Ley a nivel estatal, que establece un marco jurídico común para todas las entidades de la economía social.

La Ley 5/2011, de 29 de marzo, de economía social[72], fue la primera ley que definió y delimitó la economía social, hecho que supuso el reconocimiento como realidad del sector. Su condición de normativa básica y general, permite y hace necesaria la actuación de las Comunidades Autónomas para desarrollarla mediante normas y políticas públicas, sin que altere ni agote la capacidad normativa en la materia de estas Administraciones.

La aprobación de la presente Ley significó un claro avance en la configuración jurídica del sector, gracias a la cual adquiere un estatus jurídico de interlocutor activo ante las Administraciones Públicas. Este precepto no sustituye ni modifica ninguna otra normativa, sino que el principal objetivo, tal y como establece el propio documento, es establecer un marco jurídico común para todas las entidades que conforman la economía social. Además, determina, por primera vez, cuáles son las entidades que integran o pueden integrar este sector[73] (art. 5).

Por otro lado, la norma supone una herramienta clave para el fomento de la economía social, ya que subraya la necesidad y la obligación de promover y difundir el sector mediante medidas que favorezcan a cada una de las entidades que la constituyen. En este sentido, cabe destacar el artículo 8, que establece que será una tarea de interés general el impulso del sector, y que será obligación de los poderes públicos su fomento mediante la adopción de medidas concretas.

Esta Ley respeta la normativa específica que regula cada una de las figuras de economía social provenientes de distintas administraciones públicas, en función de las competencias que tengan atribuidas en la materia. La mayoría de las CCAA han ido desarrollando regulaciones y medidas en el ámbito de sus competencias (art. 3), y ya han regulado el sector mediante la promulgación de una legislación propia en la materia, como Galicia[74], mediante la Ley 6/2016 de economía social de Galicia.

Históricamente, las cooperativas y asociaciones han tenido un peso muy destacado en el sector de la economía social de la CAE, ya sea por su importancia en cuanto al tejido productivo del territorio, ya sea en cuanto al tejido asociativo no empresarial.

Es lo que se refleja en el cuadro que sigue, a la vez que nos presenta la actual cartografía del sector.

En cuanto al número de entidades, las asociaciones y fundaciones son abrumadoramente mayoritarias, pero hemos de tener en cuenta que muchas de las mismas tienen un carácter no de mercado y, además, es difícil saber cuántas realmente llevan a cabo regularmente su actividad (económica o no). En cuanto al resto, entre las cooperativas y sociedades laborales se aglutinan la mayoría del número de entidades, seguidos en menor medida por las sociedades agrarias de transformación, empresas de inserción, centros especiales de empleo y cofradías de pescadores sucesivamente.

Atendiendo a los datos sobre el empleo, vemos que son las cooperativas las que más importancia tienen para nuestro territorio, ya que éstas emplean a 2/3 del total del empleo de la economía social. Las asociaciones y fundaciones, por su parte, también aglutinan un porcentaje considerable de empleo en sus organizaciones (entorno al 15%). Por otro lado, destaca que los centros especiales de empleo aglutinen más empleo que otros tipos de formas jurídicas con mayor número de entidades, lo cual se explica por la existencia de varias empresas de gran envergadura. Las sociedades laborales también destacan, ya que suponiendo el 2,40% del total de las entidades de la economía social, aglutinan en sus empresas a casi el 8% del empleo. Por último, las empesas de inserción emplean a más de 1.000 personas actualmente.

Cuadro 1

	Número de entidades y empleo de la Economía social (entidades no financieras). 2016				Peso de la ES en la Economía general de la CAE	
	Entidades	% Entidad	Empleo	% Empleo	Entidades	Empleo
Cooperativas	1.599	6,12%	57.815	64,93%	1,03%	6,77%
Sociedades laborales	623	2,39%	6.876	7,72%	0,40%	0,81%
Centros especiales de empleo	13	0,05%	8852	9,94%	0,01%	1,04%
Empresas de inserción	44	0,17%	1122	1,26%	0,03%	0,13%
Sociedades agrarias de transformación	94*	0,36%	239*	0,27%	0,06%	0,03%
Cofradías de pescadores	15	0,06%	68	0,08%	0,01%	0,01%
Asociaciones y fundaciones	23.728	90,86%	14.075*	15,81%	15,34%	1,65%
Total economía social (No financieras)	26.116	100,00%	89.047	100,00%	16,88%	10,43%
Total economía CAE (1)	154.687	-	854.114	-	100,00%	100,00%

*Datos del año 2014
Fuente: OVES/GEEB
(1) Fuente: EUSTAT

En cuanto al peso relativo de la economía social en la economía general de los tres territorios históricos, vemos que se sitúa por encima del 10% del empleo total. Si bien es obvio que el sector supone sólo una pequeña parte del tejido empresarial, hemos de tener en cuenta que es un sector que avanza paulatinamente, adquiriendo cada vez más peso.

Para completar la primera aproximación a la cartografía general actual de la economía social y antes de pasar a analizar la actualidad socio-jurídica de cada familia, conviene repasar (aunque sea de manera superficial) la evolución que el sector en su conjunto ha tenido los últimos años.

Vemos que en general, desde que se inició la crisis en el año 2008, tanto el número de entidades como el empleo de éstas han aumentado, si bien es cierto que cada familia ha tenido diversos recorridos, como veremos al centrarnos en cada una de ellas. En este sentido, cabe destacar que el leve aumento del 1,14% del empleo durante dicho período contrasta con la pérdida masiva que la economía de la CAE en general ha conocido, lo cual pone de relieve la mayor capacidad a la hora de hacer frente a la crisis y de recuperación de la economía social frente a otras formas empresariales.

a. Las cooperativas

A nadie se le escapa la importancia que ha tenido y tiene el cooperativismo en nuestro territorio, y es por esta razón por la que la normativa autonómica relativa a este tipo de sociedades ha tenido un protagonismo y desarrollo mayor por parte de las personas legisladoras.

Cuadro 2

	Número de entidades y empleo de la economía social en total (entidades no financieras) y su evolución					
	2008		2016		Variación (%)	
	Entidades	**Empleo**	**Entidades**	**Empleo**	**Entidades**	**Empleo**
Total economía social	23.013	88.044	26.116	89.047	13,48%	1,14%

Fuente: OVES/GEEB

Ya la norma suprema del ordenamiento jurídico español, la Constitución de 1978[75], hizo referencia expresa a la figura cooperativa en su artículo 129.2[76], un hecho que supuso el reconocimiento de este tipo de entidades y el fundamento para desarrollar una legislación propia.

El cooperativismo ha sido competencia exclusiva de algunas CCAA, entre las que se encuentra la CAE[77], que acudieron al artículo 149.3[78] de la CE para desarrollar su propia legislación cooperativa. Esto ha hecho que actualmente en el estado español se hayan promulgado alrededor de 16 leyes autonómicas[79] y una general[80], un derecho cooperativo que ha tenido un desarrollo legislativo nunca visto por parte de las CCAA y que ha creado una realidad jurídica sin precedentes.

En el año 1982 se promulgó la primera Ley vasca de cooperativas, la Ley 11/1982, de 29 de febrero, la cual resultó ser pionera en el estado español. Esta norma tenía varias carencias, y resultó ser breve y en ocasiones muy limitada, por lo que en los casos de vacío legal era necesario remitirse a la Ley general de cooperativas[81]. Esta situación llevó a las personas legisladoras a aprobar una nueva norma más amplia, la Ley 4/1993, de 24 de junio, de cooperativas de Euskadi[82], indispensable para responder a las necesidades del sector.

La Ley de 1993 es la norma vigente en estos momentos, pero ha sido desarrollada y reformada en diversas ocasiones, en gran parte, por la necesidad de adaptarse a los nuevos tiempos y demandas del sector. Las reformas[83] llevadas a cabo en los últimos años, han tenido como objetivo adaptarse a las exigencias surgidas de las nuevas normas provenientes de instituciones europeas o internacionales y a las modificaciones en la legislación estatal o en otras autonomías.

Además, se han aprobado diversos decretos[84] y reglamentos que tienen el objetivo de desarrollar la norma principal, como por ejemplo, el fomento del cooperativismo y la formación en la materia entre las personas jóvenes y emprendedoras.

La normativa vasca de cooperativas ha estado y está en constante evolución y permanente cambio, y en la actualidad, el Gobierno Vasco está trabajando en una nueva Ley de cooperativas de euskadi, cuyo Proyecto de ley se presentará ante el Parlamento Vasco en la segunda mitad del 2018. Para la elaboración de esta nueva norma, el ejecutivo ha creado una mesa de trabajo con las asociaciones y organismos cooperativistas concernidos para elaborar un diagnóstico del sector y consensuar la futura ley.

El nuevo proyecto normativo no sustituye la estructura básica de la vigente ley, sino que busca unir en un único texto las diferentes modificaciones que se han ido introduciendo desde que se promulgó la norma de 1993. El objetivo del legislador es dar una mayor seguridad jurídica las relaciones internas y externas del sector y facilitar su régimen de organización interna.

En general el sector cooperativo ha tenido una evolución muy positiva en este inicio del siglo XXI, ya que, salvo por los implacables golpes recibidos a causa de la crisis (en un comienzo en el 2008 junto al estallido inicial y después entre el 2012 y 2014), el número de entidades y de personas trabajadoras ha ido aumentando progresivamente año a año. A este respecto, desde el comienzo del siglo, el empleo en las cooperativas ha aumentado en un 29% aproximadamente. En lo relativo a los últimos años, cabe destacar que en el 2016 se ha registrado el mayor crecimiento interanual de entidades desde el inicio de la crisis (2,83%).

Cuadro 3

	Evolución del número de cooperativas y personas trabajadoras en la CAE. 2000-2016								
Año	**2000**	**2001**	**2002**	**2003**	**2004**	**2005**	**2006**	**2007**	**2008**
Entidades	1.331	1.350	1.383	1.403	1.443	1.471	1.466	1.491	1.511
Personas trabajadoras	44.970	48.799	50.835	52.271	54.038	55.438	56.738	58.238	55.507
Año	**2009**	**2010**	**2011**	**2012**	**2013**	**2014**	**2015**	**2016**	
Entidades	1.478	1.498	1.522	1.533	1.536	1.532	1.555	1.599	
Personas trabajadoras	55.121	56.231	57.122	56.365	56.251	55.958	56.380	57.815	

Fuente: OVES/GEEB

Además, en el mismo año, las personas trabajadoras en cooperativas de la CAE han aumentado un 2,55%, con lo que se acerca ya a la cifra más alta registrada (corresponde al año 2007) y supera a su vez el nivel de empleo del año 2008.

En cuanto al sexo, solamente disponemos del dato agregado para las sociedades cooperativas y laborales. Según dicho dato, el 47,2% del empleo total de dichas entidades corresponde a las mujeres, frente al 52,8% de los puestos ocupados por hombres.

b. Las sociedades laborales

Las Sociedades Laborales han tenido y tienen un gran peso en el tejido económico de nuestra Comunidad Autónoma. Con una larga trayectoria, este modelo de empresa adquirió carta de naturaleza jurídica en el año 1986 con la promulgación de la Ley 15/1986 de 25 de abril de sociedades anónimas laborales[85], la primera normativa de carácter estatal que reguló este modelo y que recogió todas las características que a lo largo del tiempo fueron definiendo a este tipo de sociedades. Esta ley se promulgó en respuesta al mandato del artículo 129.2 de la CE, en la cual se manifiesta que las autoridades deben promover eficazmente los diferentes tipos de participación en las empresas y establecer los medios para facilitar a las personas trabajadoras el acceso a la propiedad de los medios de producción.

La primera norma, con el paso de los años, resultó ser insuficiente, y fue derogada por la Ley 4/1997 de sociedades laborales[86], la cual ha estado vigente hasta el año 2015, y cuya virtualidad más importante fue extender la Sociedad Laboral a la Sociedad de Responsabilidad Limitada[87].

Ante las carencias de la ley y la necesidad de adaptarse a los nuevos escenarios legislativos y a la realidad social y económica, el sector reclamó una nueva reforma que reforzara los rasgos esenciales de este modelo de sociedad. Esta situación llevó al poder legislador a elaborar la nueva Ley 44/2015 de sociedades laborales y participadas[88], que incluye por primera vez la figura de la sociedad participada. La norma, tal y como dice el propio texto, tiene el objetivo de adaptar el régimen jurídico de las sociedades laborales a las reformas que han tenido lugar en los últimos años, y además, fomentar la participación de las personas trabajdoras, aumentar la preferencia de este tipo de sociedades por el emprendizaje y facilitar la constitución de este tipo de empresa, entre otras.

Una de las novedades más relevantes de la nueva norma es la incorporación de la figura de la sociedad participada por las personas trabajadoras, que hasta el momento no estaba regulada en españa, y en este caso, el legislador ha considerado conveniente hacerlo en el marco de la ley de sociedades laborales. Tal y como define la propia legislación, son sociedades participadas, las sociedades anónimas o de responsabilidad limitada que no alcancen los requisitos establecidos para ser calificadas como tales, pero promuevan el acceso a la condición de socio a las personas trabajadoras, así como las distintas formas de participación de las mismas[89].

Para las sociedades laborales el último decenio ha sido bastante más negro en comparación con la dinámica general que ha seguido la economía social. Observando los datos, vemos que la crisis ha marcado un antes y un después en el desarrollo de dichas entidades, ya que se distinguen dos fases claramente separadas por la misma.

Cuadro 4

	Evolución del número de sociedades laborales y personas trabajadoras en la CAE. 2000-2016								
Año	**2000**	**2001**	**2002**	**2003**	**2004**	**2005**	**2006**	**2007**	**2008**
Entidades	1.003	1.049	1.121	1.146	1.124	1.103	1.062	1.023	931
Personas trabajadoras	13.146	12.759	12.930	13.036	12.510	13.356	13.693	13.561	12.565
Año	**2009**	**2010**	**2011**	**2012**	**2013**	**2014**	**2015**	**2016**	
Entidades	864	815	762	709	674	659	644	623	
Personas trabajadoras	11.444	9.177	7.945	7.275	6.519	6.679	6.758	6.876	

Fuente: OVES/GEEB

En una primera fase (2000-2007), tanto el número de entidades como de las personas trabajadoras se mantuvo relativamente constante y en unos niveles nada desdeñables. En cambio, a partir del 2008 se observa un importante retroceso de las sociedades laborales, sobre todo del empleo que aglutina, ya que en seis años se pierde la mitad de los puestos de trabajo. De todos modos y como dato a tener en cuenta de cara al futuro, en los últimos tres años (2014-2016) se está dando un fenómeno poco común, y es que mientras se sigue disminuyendo el número de entidades de este tipo, el empleo de las mismas está aumentando. Dicho fenómeno pone de relieve que las sociedades laborales que continúan en activo en la CAE están demostrando un sólido entramaje empresarial, ya que son capaces de generar cada vez más puestos de trabajo, mientras el número de empresas sigue decreciendo.

c. Los centros especiales de empleo

Los centros especiales de empleo son entidades que trabajan con el objetivo de lograr una economía más sostenible y una sociedad más cohesionada, priorizando la mejora en la integración laboral y social de las personas con capacidades diversas[90]. Además, comparten los principios fundamentales de la economía social, y es por esto, por lo que en el año 2011, con la aprobación de la Ley 5/2011, se convirtieron en una familia más de la economía social[91].

Para poder analizar su evolución normativa, es necesario remitirse al año 1982, cuando se aprobó la Ley 13/1982, de 7 de abril, de integración social de los minusválidos-LISMI[92], que ha sido la norma de referencia para el colectivo de personas con discapacidad. Años más tarde, se aprobó la Ley 51/2003, de 2 de diciembre, de igualdad de oportunidades, no discriminación y accesibilidad universal de las personas con discapacidad[93], un nuevo impulso en la lucha contra la discriminación. Además, destacar la Ley 49/2007[94], que estableció un régimen de infracciones y sanciones en materia de igualdad de oportunidades, no discriminación y accesibilidad universal de este colectivo.

Todas estas Leyes quedaron derogadas por la Ley 26/2011[95], cuando España ratificó en el 2007 la Convención internacional sobre derechos de las personas con discapacidad de la Asamblea General de las Naciones Unidas, un hecho que hizo necesaria la adaptación normativa a la citada convención. En consecuencia, se aprobó el Real Decreto Legislativo 1/2013 de Texto Refundido de la Ley General de Derechos de las personas con discapacidad y de su inclusión social[96]. Esta norma es la que actualmente define jurídicamente (art. 43) y regula los centros especiales de empleo. Además de esta norma, se mantienen otras referencias normativas, entre ellas, el Real Decreto 2273/1985, de 4 de diciembre[97], que regula algunos aspectos fundamentales y define algunas de las características más importantes de los CEE.

Por otro lado, destacar la demanda de reforma de la Ley 5/2011 de economía social, que se hace desde las organizaciones representativas de los centros especiales de empleo de iniciativa social[98] (CEEis). El artículo 5 del precepto reconoce como entidades de economía social a todos los centros especiales de empleo, pero la realidad es que en el sector existe una diversidad de entidades que tienen intereses, objetivos y finalidades muy heterogéneas, que en muchos casos no asumen ni actúan en base a los principios y objetivos que se promueven desde la economía social.

Es por esta razón por la que los CEEis proponen una revisión y actualización de la citada Ley, adaptando el artículo 5 a la realidad del sector, y que se incluya en relación al sector de empleo protegido únicamente a los centros especiales de empleo de iniciativa social por ser las que comparten y ponen en práctica (según las organizaciones representativas de los CEEis) los principios, valores y objetivos de la economía social.

La evolución socio-económica de los centros especiales de empleo durante los últimos 10 años ha sido remarcable, sobre todo en lo que a las personas trabajadoras se refiere. En este período la plantilla en dichas entidades ha crecido en casi un 36% y pese a la situación económica adversa, solamente en dos años se han registrado pérdidas de empleo absolutos (en los años 2009 y 2012). Lo realmente interesante de los datos de los CEE es que, gracias al llamado "modelo vasco de inclusión", actualmente entorno al 85% de las personas que trabajan en los CEE tienen algún tipo de discapacidad, sin olvidar que también se favorece el traspaso de dichas personas al "empleo ordinario", que cada año también va en aumento. En cuanto a la relación contractual de las personas trabajadoras, vemos que la evolución ha tenido forma de "u" inversa, ya que durante los primeros años la tendencia era de subir el porcentaje de las personas contratadas fijas, mientras que a partir del punto álgido del año 2009 (72% fijas vs 28% eventuales) se inicia una bajada en el peso de las personas fijas sobre el total de la plantilla, hasta el 62% en el 2016.

Por último, pero no por ello menos importante, vemos que la proporción entre mujeres y hombres se ha mantenido relativamente estable en todo el período analizado y con menor presencia de mujeres (6 de cada 10 personas trabajadoras siguen siendo hombres).

Cuadro 5

	Evolución del número de Centros Especiales de Empleo y personas trabajadoras en la CAE. 2000-2016									
Año	**2007**	**2008**	**2009**	**2010**	**2011**	**2012**	**2013**	**2014**	**2015**	**2016**
Entidades	6	6	6	6	8	9	11	12	13	13
Personas trabajadoras	6.468	6.485	6.356	6.654	6.858	6.786	7.231	7.746	7.961	8.789
Asalariadas fijas	65,1%	69,8%	71,9%	69,0%	67,3%	68,6%	68,5%	64,4%	61,9%	62,4%
Mujeres	38,3%	38,2%	38,6%	38,0%	35,9%	36,7%	37,5%	45,5%	38,2%	40,6%
Personas con discapacidad	83,1%	83,5%	83,3%	83,8%	86,0%	86,4%	86,5%	85,8%	90,4%	85,1%

Fuente: OVES/GEEB

d. Las empresas de inserción

Las empresas de inserción, al igual que otras entidades sin ánimo de lucro, se han ido reconociendo en el sector de la economía social, y así lo manifiesta la Ley 5/2011 de economía social en el artículo 5. Así, su definición y características las coloca en el ámbito de las iniciativas basadas en la primacía de las personas y del fin social sobre el capital, y esta incorporación es visible en su reconocimiento por parte de las diferentes instituciones públicas europeas, estatales o locales (Askunze, 2016).

Esta modalidad de empresa, cuyo objeto es la inserción sociolaboral de personas desempleadas en situación o riesgo de exclusión, existía mucho antes de que las CCAA o el Estado las regulase. Es por esta razón por la que el sector durante años ha demandado un reconocimiento político y jurídico explícito que definiera e identificara las características de las EI, que además de aportar seguridad jurídica, las convirtiera en sujetos que cuenten con apoyos de las administraciones públicas, por ejemplo, con el desarrollo de medidas de fomento.

En lo que se refiere al marco legislativo de las EI, cabe decir que corresponde en exclusiva a la administración central la competencia en materia de legislación laboral, y parcialmente, en política de empleo, pero los aspectos relativos a las políticas sociales y de inclusión social son potestad de las Comunidades Autónomas, por lo que, en el estado español conviven varias normas de carácter autonómico y una Ley estatal, la Ley 44/2017, de 13 de diciembre, para la regulación del régimen de empresas de inserción[99].

En el caso de la Comunidad Autónoma de Euskadi, la norma autonómica reguló las EI siete años antes de que lo hiciera la ley estatal, con la aprobación del Decreto 182/2008, de 11 de noviembre, por el que se regula la calificación de empresas de inserción, se establece el procedimiento de acceso a las mismas y su registro[100], el cual define jurídicamente en su artículo 4.1 este tipo de empresa[101].

Por otro lado, y como ya se ha mencionado, el estado en el año 2007 aprobó una ley general, con el objetivo de ofrecer un marco legislativo compartido para todos los territorios, en la que da una definición precisa, identificando una serie de requisitos para su constitución y funcionamiento.

Si bien las empresas de inserción no aglutinan el mismo nivel de empleo que los CEE, su evolución durante el mismo período también ha sido realmente positivo, con un aumento del casi 40% entre el 2007 y el 2016. Y es que a pesar de varios años con pérdidas fuertes del empleo (sobre todo en 2012 y 2014), las empresas de inserción han sido capaces de seguir ofreciendo y generando más puestos de trabajo teniendo en cuenta las necesidades de las personas en situaciones de exclusión social o en riesgo de padecerla.

En cuanto al perfil de los puestos de trabajo, la mayoría sigue siendo de inserción (6 de cada 10 aproximadamente) y destaca la evolución hacia la convergencia en cuanto al sexo de las personas trabajadoras. De una situación en la que la mayoría eran mujeres (64% en el 2008), se ha pasado a una quasi-equidad entre sexos (48% de mujeres en 2016), seguramente por la mayor inclusión en los puestos de inserción de perfiles concretos en los que predominan los hombres.

Cuadro 6

	Evolución del número de Empresas de Inserción y personas trabajadoras en la CAE. 2000-2016									
	2007	**2008**	**2009**	**2010**	**2011**	**2012**	**2013**	**2014**	**2015**	**2016**
Entidades	6	6	6	6	8	9	11	12	13	13
Empleos*	492	539	674	783	752	637	661	575	637	687
Mujeres	n.d.	64,0%	62,0%	60,3%	55,9%	52,6%	49,3%	46,3%	44,6%	48,0%
De inserción	64,0%	59,9%	54,2%	59,3%	63,0%	63,0%	63,5%	61,0%	60,8%	61,6%

*Expresados en jornadas completas de trabajo

n.d.: no disponible

Fuente: OVES/GEEB

e. Las asociaciones y fundaciones

La Ley 5/2011, de 29 de marzo, de economía social, en el artículo 5 establece que serán entidades pertenecientes al sector, entre otras (y que son ya bien conocidas), *las asociaciones que lleven a cabo actividad económica,* respondiendo a los principios orientadores que se recogen en el artículo 4 de la ley[102]. Por lo que, nuestro análisis se centrará únicamente en estas figuras.

Lo cierto es que el derecho de asociación es un derecho fundamental previsto en las normas de mayor rango[103], pero su regulación específica en el estado español está establecida en la Ley Orgánica 1/2002, de 22 de marzo, reguladora del Derecho de Asociación. Aunque, algunas Comunidades Autónomas[104], en virtud de su Estatuto de Autonomía tienen competencia exclusiva en esta materia, y este es el caso de la CAE: *"En virtud del artículo 10.13 del Estatuto de Autonomía para el País Vasco corresponde a esta Comunidad Autónoma en materia de asociaciones de carácter docente, cultural, artístico, benéfico, asistencial y similares, en tanto desarrollen principalmente sus funciones en el País Vasco".*

La Ley del Parlamento Vasco 3/1988, de 12 de febrero, de Asociaciones[105], fue la primera en el Estado en regular esta materia. Pero la aprobación por parte del estado de la ley orgánica ya citada en el año 2002, obligó al legislador a elaborar una nueva ley, con el fin de adecuarse a las exigencias de la normativa orgánica y para desarrollar los contenidos de la anterior. La norma autonómica vigente en la actualidad es la Ley 7/2007, de 22 de junio, de asociaciones de Euskadi[106], la cual recoge una definición clarificadora de las Asociaciones, pero que en ningún caso es cerrada.

Los elementos fundamentales que determinan su inclusión en la economía social son, por un lado, la primacía de la unión de las personas, que es precisamente lo que las diferencia de las sociedades mercantiles, y por otro lado, que las actividades económicas que desarrollen vayan exclusivamente dirigidas a la realización de los fines de la asociación (Díaz-Aguado, 2016).

En lo relativo a las fundaciones, han tenido históricamente un relevante papel en la vida social vasca, se conciben como organizaciones constituidas sin ánimo de lucro y que, por voluntad de las personas fundadoras, tienen afectado de modo duradero su patrimonio a fines de interés general, aunque hoy en día las fundaciones han extendido sus actividades a los ámbitos laboral, docente, cultural, educativo, de la investigación, de la tecnología y de la innovación social, e incluso han surgido nuevas instituciones que adoptan la forma jurídica de fundación.

Las instituciones vascas han tenido históricamente competencia en su regulación, ya que es una materia que no está prevista expresamente entre las competencias exclusivas del estado en el artículo 149 de la constitución Española[107], ni entre las asumidas por las CCAA en el 148 de la CE. En consecuencia, la Comunidad Autónoma de Euskadi, entre otras, recurrió al artículo 149.3 de la CE, según la cual las materias no atribuidas expresamente al estado podrán corresponder a las CCAA, en virtud de su Estatuto (en el caso de la CAE, el artículo 10.13 de su Estatuto[108]).

La competencia sobre el derecho de fundaciones en nuestro territorio tuvo su materialización en la Ley 12/1994 de 17 de junio, de fundaciones del País Vasco[109], la cual ha sido derogada recientemente por la Ley 9/2016, de 2 de junio[110]. La necesidad de adaptarse a los nuevos tiempos de la sociedad y a la realidad del derecho civil vasco (Ley 5/2015)[111] ha llevado al poder legislador a adoptar esta nueva norma. Por un lado, aporta mayor seguridad jurídica tanto a la administración pública como a las fundaciones y a la ciudadanía en general, potenciando el derecho a crear este tipo de entidades y estableciendo los controles necesarios que garanticen un correcto cumplimiento de las exigencias de su régimen jurídico. Por otro lado, instaura una nueva potestad, la sancionadora, con la finalidad de que actúe como mecanismo disuasorio de las conductas contrarias a las obligaciones administrativas y como medida generadora de confianza para quienes contribuyen en la financiación de este tipo de entidades.

La información relativa a las asociaciones y fundaciones de la CAE es bastante limitada, sobre todo en lo que al empleo se refiere, tal y como se puede observar en la tabla anterior. De todos modos, los datos disponibles nos muestran que el tejido asociativo es realmente amplio (el 97% son asociaciones y el 3% restante corresponden a las 666 fundaciones activas en 2016). Podemos decir además que entre las asociaciones, la mayoría tienen un carácter claramente popular y transformador, encaminadas a fomentar la cultura (el 58% del total son de "Cultura General o Específica") y a la búsqueda de otros modos de relaciones socio-económicas (el 18% son de carácter "político y socio-económico"). En cuanto al número, la tendencia casi siempre ha sido de aumento del tejido asociativo-fundacional, sobre todo en los primeros cinco años (entre 2005 y 2010 se aumentaron en 39%), mientras que posteriormente el incremento ha sido más moderado (entorno al 3% anualmente). También hay un gran salto entre los 5 primeros años presentados en el número de personas trabajadoras, que se debe en gran medida a la profesionalización que tanto las asociaciones y fundaciones tuvieron. A partir de entonces, el número de personas trabajadoras ha aumentado pero no tan bruscamente.

Cuadro 7

	Evolución del número de asociaciones y fundaciones y las personas trabajadoras en la CAE. 2005, 2010-2016							
	2005	**2010**	**2011**	**2012**	**2013**	**2014**	**2015**	**2016**
Registradas	14.657	20.385	21.033	21.863	21.378	21.855	22.969	23.728
Personas trabajadoras	6.117	12.448*	n.d.	14.075*	n.d.	n.d.	n.d.	n.d.

n.d.: no disponible

(*) Datos referentes únicamente a las Fundaciones y Asociaciones de Utilidad Pública

Fuente: OVES/GEEB

3. Conclusiones

A lo largo del capítulo hemos plasmado parte de la realidad actual de la economía social en nuestro territorio. Como ya se ha mencionado, para enterder la realidad del sector en su totalidad, sería imprescindible considerar otros aspectos que no son posibles abordar en único capítulo. Es por por esto que nos hemos centrado en las familias más representativas de la economía social.

Desde sus inicios, al igual que en el resto de Europa, las primeras entidades de la economía social dedicadas a la actividad económica han sido las cooperativas y hoy en día son, con diferencia, las que más peso tienen tanto a nivel socioeconómico como jurídico en nuestro territorio, tal y como ha quedado reflejado. Por su parte, las Asociaciones también han sido importantes históricamente y siguen siéndolas, cuantitativa y cualitativamente, a la hora de generar, canalizar y fortalecer diferentes reivindicaciones y luchas, encaminadas a cubrir las necesidades sociales "olvidadas" y relegadas para un futuro por parte de los poderes públicos, o a defender los intereses colectivos, con fuerte arraigo social. Claro ejemplo de estas iniciativas son las diferentes asociaciones que desde la sociedad se han creado y han sido claves para la posterior generación de experiencias de economía social, como en el caso de la creación de los centros especiales de empleo. Es importante destacar la labor de las asociaciones en el sistema capitalista que, sin tener un peso en valores monetarios frente a otros tipos de entidades (cooperativas, sociedades laborales, etc.), su impacto en los intereses de la clase trabajadora es indudablemente remarcable (cohesión social, protección de la naturaleza, modelos alternativos de organización, etc.).

Teniendo en cuenta que el último periodo ha estado marcado por una profunda crisis económica y social del sistema capitalista, que ha agudizado aún más las contradicciones inherentes al mismo, la economía social ha demostrado, una vez más, su capacidad para hacerle frente. Entendemos que dicha fortaleza no es fruto de la casualidad, al contrario, responde a otra forma de hacer economía, basada en las personas y los valores que caracterizan a la economía social.

El futuro se presenta incierto, el contexto socio-político de los próximos tiempos hace muy dificil preveer, por un lado, la actitud de las administraciones públicas frente al sector (políticas públicas, clúsulas sociales, contrataciones…), y por otro, el rumbo que tome la economía social en la fase de crecimiento en la que está inmersa.

Bibliografía

Aldazabal, Javier. Las fundaciones del sector público vasco: su régimen jurídico, Lete, Bilbao, 2007.

Askunze, Carlos. "Empresas de inserción en la economía social. Herramientas para la inclusión sociolaboral". *Revista jurídica de economía social y cooperativa*, CIRIEC-España nº29, 2016: 15-46.

Agrupación de Sociedades Laborales de Euskadi. "ASLE y las sociedades laborales vascas 1982-2016, Septiembre 2016.

Bengoetxea, Aitor. "Las cooperativas". *Revista jurídica de economía social y cooperativa*, CIRIEC-España nº 29, 2016: 205-234.

Bretos, Ignacio. "Mediación y visibilización de la economía social en el País Vasco", *Revista Vasca de Economía Social* nº12, UPV/EHU 2015: 7-34.

Díaz-Aguado, Carlos. "Empresas de inserción en la economía social. Herramientas para la inclusión sociolaboral". *Revista jurídica de economía social y cooperativa*, CIRIEC-España nº29, 2016: 81-116.

Etxezarreta, Enekoitz & Morandeira, Jon. "Consideraciones conceptuales sobre la economía social a la luz de la Ley 5/2011", REVES nº 8, UPV/EHU 2012: 7-36.

Fajardo, Gemma. "Aspectos societarios de la reforma de la Ley de Sociedades Laborales", *Revista jurídica de economía social y cooperativa*, CIRIEC-España nº 19, 2008.

Merino, Santi. "Manual de Derecho de Sociedades Cooperativas", CSCE-EKGK, Gezki, Vitoria 2008.

Observatorio Vasco de Economía Social: www.oves-geeb.eus (11/10/2017).

Pérez de Uralde, Jose María. "Algunas consideraciones sobre la repercusión de la Ley 5/2011, de 29 de marzo, de Economía Social en la Comunidad Autónoma de Euskadi, REVES nº 8, 2012: 37-61.

Promoviendo la economía social en la UE y en Navarra

Mikel Irujo Amezaga

Gobierno de Navarra / Nafarroako Gobernua
Delegación en Bruselas / Bruselako Ordezkaritza

Promoviendo la economía social en la UE y en Navarra

Hoy, la economía social es una realidad global, si bien lo ha venido demostrando desde el siglo XIX su capacidad de adaptación para brindar soluciones a las necesidades de personas de todo el mundo en base a principios sólidos, proporcionando un modelo esencial para afrontar los desafíos de nuestra sociedad. La economía social tiene sus raíces en el movimiento cooperativo, específicamente en 1844, en la ciudad inglesa de Rochdale. Un grupo de trabajadores que perdieron sus trabajos después de participar en una huelga crearon la primera "Tienda Cooperativa" con 28 chelines cada uno, estableciendo las reglas para la operación de la organización en base a los principios de cooperación y solidaridad. Estos principios fueron incluidos en la primera "Carta de Cooperación", que sirvió de base para los principios cooperativos y la economía social para todos estos años[112].

La economía social emplea a más de 11 millones de trabajadores en la UE, lo que representa el 6 % del empleo total. Agrupa entidades con un régimen jurídico específico (cooperativas, fundaciones, asociaciones y mutuas), muchas de las cuales son también empresas sociales según las características mencionadas, y empresas sociales en forma de sociedad privada o de sociedad anónima tradicional.

Los regímenes jurídicos específicos de la economía social están especialmente adaptados a las empresas sociales, ya que su modo de gobernanza favorece la participación y la apertura[113].

Según los cálculos de un estudio realizado en 2009[114], el porcentaje de la población activa dedicado al emprendimiento social[115] es del 4,1% en Bélgica, el 7,5% en Finlandia, el 3,1 % en Francia, el 3,3 % en Italia, el 5,4 % en Eslovenia y el 5,7 % en el Reino Unido. En consecuencia, alrededor de una de cada cuatro empresas creadas en Europa sería una empresa social, cifra que se eleva a una de cada tres en Bélgica, Finlandia y Francia. Estas empresas son con frecuencia más productivas y competitivas de lo que se cree, debido al muy fuerte compromiso personal de sus empleados y al hecho de que ofrecen mejores condiciones de trabajo.

Según la Comisión Europea los desafíos actuales de la economía social son varios[116]:

- **Dificultad de acceso a la financiación** - las empresas sociales pueden tener dificultades para encontrar las oportunidades de financiación adecuados debido a la falta de comprensión de su funcionamiento y de su pequeño tamaño.
- **Bajo grado de reconocimiento,** que hacen recomendable la realización de acciones destinadas a compartir buenas prácticas, actividades de sensibilización y proyectos para la recogida de datos estadísticos, de cooperativas y empresas sociales.
- **Diversidad de marcos legales** entre los países de la UE y los obstáculos relacionados con la actividad de algunas formas jurídicas de empresas de economía social.
- **La falta de habilidades empresariales**

1. Medidas de la Comisión: promoción de empresas sociales

La Comisión Europea tiene como objetivo lograr la igualdad de condiciones en las que las empresas de economía social pueden competir de manera efectiva y justa, sin discriminación de reglamentación y teniendo en cuenta sus necesidades particulares. Por ello, la UE ha aprobado una serie de medidas como, por ejemplo, la Small Business Act[117], la elaboración de una Guía de Innovación Social[118] o la Comunicación sobre "Iniciativa en favor del emprendimiento social; Construir un ecosistema para promover las empresas sociales en el centro de la economía y la innovación sociales" (COM/2011/0682 final)[119]. Esta última, incluye una serie de iniciativas o medidas clave a desarrollar por la UE, que ha constituido una hoja de ruta para la Comisión Europea.

Según la mencionada Comunicación, el sistema de financiación de las empresas sociales está subdesarrollado con respecto al sistema del que se benefician las demás empresas. Sin embargo, cada vez son más los inversores que quieren asociar resultados sociales o medioambientales a su preocupación legítima de obtener una rentabilidad financiera por su inversión, apoyando la realización de objetivos de interés general a largo plazo. El acceso al crédito es un requisito indispensable para la creación y el desarrollo de numerosas empresas sociales. Sin embargo, al ser menos conocidas o tener la reputación de ser más arriesgadas, tropiezan con más dificultades aun que las PYME para encontrar los fondos necesarios[120].

Para lograr todo ello la Comisión propone 11 medidas clave organizadas en tres temáticas diferentes:

1) Facilitar financiación a las empresas sociales
Acción 1: Fondos de emprendimiento social europeos En 2013 entraba en vigor el Reglamento (UE) 346/2013 sobre los fondos de emprendimiento social europeos, por el que se creó un "distintivo" para los Fondos de Emprendimiento Social Europeos, con el objetivo de lograr que los inversores conozcan con mayor facilidad el destino de sus inversiones. Este distintivo facilita al inversor identificar y elegir FESE, ayuda a las empresas sociales al facilitar el acceso a la financiación y permite a los gestores de fondos de inversión obtener financiación con menor complejidad y costes. Los fondos que se sirvan de esta marca para su comercialización deberán destinar al menos el 70 % de sus inversiones a empresas sociales y, además, un gestor de fondos debe demostrar la buena conducta de la empresa, que ésta cuenta con sistemas y controles eficaces y que evita cualquier tipo de conflicto de intereses[121].
Acción 2: fomentar el desarrollo de los microcréditos en Europa, mejorando el marco legal e institucional. Si bien se encuentra publicitado en la web de la Comisión, lo cierto es que el link que dirige a financiación del llamado Plan Juncker, no ofrece información específica sobre empresas sociales[122]. No obstante, la Comisión adoptó el Código Europeo de Buena Conducta para la provisión de microcréditos que proporciona recomendaciones y normas que deben fomentar las mejores prácticas en el sector de los microcréditos. Está dirigida a los proveedores de microcréditos desde el punto de vista de los consumidores, los inversores, los donantes y los organismos reguladores[123].

Acción 3: Establecer un instrumento financiero de la UE para facilitar el acceso a la financiación. La UE creó en 2014 el llamado Programa de la UE para el Empleo y la Innovación Social (EaSI), un instrumento financiero a escala de la UE, cuyo objeto es promover un nivel de empleo de calidad y sostenible, que aporte protección social, combata la exclusión y la pobreza y mejore las condiciones de trabajo. Un 21% del total de su presupuesto, es decir, 193 millones de € para el periodo 2014-2020, está destinado al "eje Microfinanciación y emprendimiento social", siguiendo la línea del anterior programa "Progress", que podía destinar créditos de hasta 25.000€ para creación o desarrollo de una empresa. El programa de EASI no financia directamente a los empresarios, pero permite seleccionar los proveedores de microcréditos en la UE para aumentar los préstamos, mediante la emisión de garantías, compartiendo así el potencial riesgo de pérdida de los proveedores[124].
Acción 4: Hacer las empresas sociales una prioridad de inversión del Fondo Europeo de Desarrollo Regional y el Fondo Social Europeo. En el período de programación 2014-2020, los Fondos Estructurales y de inversión europeos, en particular el Fondo Europeo de Desarrollo Regional (FEDER), el Fondo Social Europeo (FSE) y el Fondo de Cohesión, apoya 11 "prioridades de inversión", también conocidos como objetivos temáticos. La Comisión Europea logró incluir dentro del Objetivo Temático 9 (Inclusión social, lucha contra la pobreza y discriminación) la economía social y las empresas sociales[125]. Ello quiere decir que estos temas pueden contar con financiación de los Fondos FEDER, FSE y FEADER. Por ejemplo, Navarra lo ha incluido dentro de su PO FSE[126].

2) Incrementar la visibilidad del emprendimiento social
Acción 5: Identificar las mejores prácticas mediante el establecimiento de un registro exhaustivo de las empresas sociales en Europa En 2014 la Comisión publicó el estudio titulado "A map of social enterprises and their eco-systems in Europe"[127]. Tras analizar la tremenda diversidad existente, constata que tan sólo siete EEMM (Bulgaria, Francia, Italia, Luxemburgo, Eslovenia, Suecia y Reino Unido) tienen un marco de políticas para alentar y apoyar el desarrollo de las empresas sociales. También introduce un análisis sobre la creación de ecosistemas de fomento de la economía social.
Acción 6: Crear una base de datos pública de labels y certificaciones aplicables a las empresas sociales en Europa. Esta acción se desarrolló en el marco del mismo estudio mencionado en la Acción 5. Sólo introduce datos sobre los siete EEMM mencionados anteriormente[128].
Acción 7: ayudar a los gobiernos nacionales y regionales a introducir medidas para apoyar, promover y financiar empresas sociales. La Comisión publicó en 2013 la Guía para la Innovación Social[129], que incluye ejemplos de buenas prácticas en varios asepctos de esta política, incluyendo una referencia concreta a la economía social.
Acción 8: Crear una información multilingüe y una plataforma de intercambio para los empresarios sociales, incubadoras de empresas y agrupaciones, así como los inversores sociales. Aumentar la visibilidad de los programas de la UE para apoyar a los empresarios sociales y hacer más fácil la obtención de financiación.

Mediante un proyecto financiado en el marco del programa H2020, la Comisión ha creado la el "Social Innovation Community". El objetivo es fortalecer, conectar y hacer crecer las comunidades de innovación social existentes, incluyendo la innovación del sector público, la innovación social digital, intermediarios, agentes de la economía social y demás. Incluye la constitución de una red de economía social[130].
3) Mejorar el contexto jurídico
Acción 9: Simplificar las normas relativas al reconocimiento legal como sociedad cooperativa europea; presentar un reglamento la creación de un estatus legal para las fundaciones europeas Lo cierto es que, en este aspecto, desde 2012 no se han producido novedades.
Acción 10: Hacer de la calidad y las condiciones de trabajo de criterios más importantes para la adjudicación de los contratos públicos, en particular para los servicios sociales y de salud Por medio de las Directivas de contratación pública de 2014 se introdujeron una serie de criterios sociales tendentes al fomento de la economía social por medio de esta política[131]. Se introducen normas más flexibles y sobre todo elementos no existentes anteriormente como, por ejemplo, la innovación socia[132].
Acción 11: simplificar las normas para la concesión de ayudas públicas a los servicios sociales y locales (lo que beneficiaría a muchas empresas sociales).La Comisión publica diferentes informes y estudios sobre la simplificación de la aplicación de las normas relativas a las ayudas estatales a los servicios sociales y locales[133].

2. Otras medidas de fomento de la economía social

Al igual que sucede en otras políticas transversales, existen oportunidades de financiación de proyectos de economía social en diferentes instrumentos, como H2020, COSME; Erasmus+, además del EaSI o Fondos Estructurales ya mencionados anteriormente.

El mayor instrumento de innovación, el programa **Horizonte 2020**[134], incluye una línea sobre "Plataformas de conciencia colectiva para la sostenibilidad y la innovación social" (Collective Awareness Platforms for Sustainability and Social Innovation, CAPS), que incluye cuatro áreas prioritarias:

- pilotos colectivos de sensibilización para participación bottom-up en los paradigmas de innovación (R&I small actions – 24 M€)
- investigación multidisciplinaria en las plataformas de sensibilización colectiva (Ciencias de Internet) (R&I small actions – 4 M€)
- plataformas sociales digitales (R&I small actions – 7 M€)
- actividades de coordinación de CAPS (CSAs – 1 M€)

Por su parte, el instrumento PyME o SME Instrument (en inglés) es un subprograma del octavo Programa Marco Europeo de financiación de la I+D+i Horizon 2020, cuyo enfoque es exclusivo para pequeñas y medianas empresas. La financiación de este subprograma se aplicará a todo tipo de innovación, incluyendo las innovaciones no tecnológicas y de servicios. Los proyectos presentados dentro de este programa pueden ser individuales o consorcios, formados por PyMES, y reciben financiación a lo largo de todo el proceso de la Innovación mediante un esquema de subvención en fases, dirigido a dar apoyo a aquellas PyME tradicionales, o innovadoras, que tengan la ambición de crecer, desarrollarse e internacionalizarse a través de un proyecto de innovación europea[135].

También es posible encontrar ejemplos de proyectos de economía social financiados bajo el paraguas de Erasmus+[136].

A su vez, la Comisión organiza diversos **premios** a los que aquellos de innovación social pueden optar.

- **European Social Innovation Competition**[137]: el objetivo es permitir un crecimiento inclusivo mediante el fomento de ideas que doten a las personas de las competencias que necesitan para poder ser competitivos en una economía cambiante. Pueden optar aquellos innovadores que creen modelos empresariales que fomenten la igualdad de oportunidades en acceso a las nuevas tecnologías. El premio está abierto a empresarios, innovadores sociales, estudiantes, diseñadores, fabricantes, entusiastas de la tecnología, educadores y personas de diversos orígenes de toda Europa.
- **Premio Horizonte 2020 de la Innovación Social** (2015)[138]
- **Regio Stars Awards**[139], que identifica las buenas prácticas en el desarrollo regional y destacan proyectos originales e innovadores que son atractivos e inspiradores para otras regiones.
- **Torneo de Innovación Social**[140], que reconoce y apoya a los mejores empresarios sociales europeos. Se organiza cada año en un país diferente para recompensar y patrocinar empresarios europeos cuyo objetivo principal es generar un impacto social, ético o ambiental. Dotados con entre 20 y 50.000€, los proyectos suelen estar relacionados con la lucha contra el desempleo, la marginación de las comunidades

> desfavorecidas y la promoción del acceso a la educación en una amplia gama de campos, desde la educación y la atención de la salud hasta el entorno natural o urbano, utilizando nuevas tecnologías, nuevos sistemas y nuevos procesos.

Puede consultarse un listado de proyectos financiados por la UE en el ámbito de la economía social:

> BENISI – Building a European Network of Incubators for Social Innovation
> CRESSI - CReating Economic Space for Social Innovation
> EFESEIIS – Enabeling the Flourishing and Evolution of Social Entrepreneurship for Innovative and Inclusive Societies
> ITSSOIN – Impact of the Third Sector as SOcial INnovation
> SEFORIS – Social Enterprise as Force for More Inclusive and Innovative Societies
> SI-DRIVE – Social Innovation: Driving Force of Social Change
> SIMPACT – Boosting the Impact of Social Innovation in Europe through Economic Underpinnings
> Third Sector Impact – The Contribution of the Third Sector to Europe's Socio-economic Development
> TRANSITION – Transnational Network for Social Innovation Incubation

3. Redes e iniciativas de economía social en la UE

Existen una serie de redes e iniciativas en torno a la economía social de ámbito privado, cuyo principal objetivo es influir en las instituciones europeas. Es siempre interesante tener conocimiento de sus actividades, puesto que normalmente estas redes las componen los colectivos y entes de economía social de los diferentes Estados Miembros, y su actividad es fundamental para hacer seguimiento de la actualidad de esta materia en Bruselas.

Destacamos las más relevantes:

Social Economy Europe.
ENSIE (European network of integration enterprises).
CECOP – CICOPA Europe (European confederation of industrial and service cooperatives)
Cooperatives Europe
GECES (European Commission Experts Group on Social Entrepreneurship)
REVES European Network of Cities and Regions for Social Economy
Social Services Europe
ERRIN (European Regional Innovation Network). Richard Tuffs, Director. La mejor red de regiones a nivel práctico. Muy buena plataforma para organizar un evento en Bruselas invitando a otras regiones.
Intergrupo de Economía Social del Parlamento Europeo[141]

4. Perspectiva y futuro de la economía social en la UE

El desarrollo de la economía social figura formalmente como uno de las prioridades de la UE. No obstante, siguen faltando mecanismos directos de apoyo, así como un mejor ecosistema legislativo que apoye dicho desarrollo. Según un estudio "a pesar de los cambios en las políticas con respecto a las empresas sociales, a nivel regional, nacional y europeo, una visión restringida de la economía social unida a un enfoque estanco en el desarrollo de medidas de política de apoyo, continúa obstaculizando el desarrollo de esta política, así como su medición, evaluación y reconocimiento. La posibilidad de que los agentes de la economía social accedan y operen en el mercado único y contribuyan por su parte al crecimiento económico europeo depende en gran medida de la eliminación de las desventajas comparativas que actualmente obstaculizan su capacidad de competir con otros agentes económicos tradicionales en la producción de bien y servicios.

El análisis realizado en el marco de este estudio ha permitido identificar una serie de barreras estructurales, regulatorias y financieras, que aún afectan a este segmento de la economía[142]."

El estudio subraya que "es necesario armonizar diferentes entornos jurídicos europeos para las empresas de economía social, permitiendo que éstas (especialmente mutualidades, asociaciones, fundaciones y empresas sociales de integración laboral) operen en el mercado interno en igualdad de condiciones". También subraya que las dificultades para acceder a instrumentos financieros adecuados afectan a la mayoría de los actores de la economía social y a su capacidad para desarrollar actividades empresariales en Europa. Finalmente, el estudio es muy crítico sobre la "falta de visibilidad y comprensión del modelo de empresa de economía social". Por ejemplo, reclama que todos los Estados miembros incluyan las empresas de economía social en currículos de sus sistemas educativos.

Además, el ya mencionado Grupo de Expertos de la Comisión Europea en Emprendimiento Social (GECES) hace un llamamiento a la acción dirigido a la Comisión Europea, países de la UE y organizaciones de empresas sociales. Propugna la elaboración de un Plan de acción europeo para la economía social y las empresas sociales, que proporcione un nuevo impulso de promoción de un entorno propicio para el florecimiento de las empresas sociales y la economía social, basándose en sus valores fundamentales como son la gobernanza democrática, el impacto social, la innovación, reinversión de beneficios o el lugar central que deben ocupar las de personas en la economía. El informe propone una serie de recomendaciones clave para que los responsables de la formulación de políticas apoyen el desarrollo de las empresas sociales y la economía social como motor del crecimiento económico inclusivo.

El informe propone una serie de recomendaciones clave para los responsables políticos, estructuradas según 4 áreas temáticas clave, como son aumentar la visibilidad y la comprensión de las empresas sociales, ayudar a las empresas sociales a acceder a financiación, mejorar el entorno legal e impulsar el crecimiento económico.

Entre las 13 recomendaciones, es necesario destacar la necesidad de apoyar un lugar más relevante para las empresas sociales en las políticas y acciones públicas a todos los niveles. La Comisión Europea, los países de la UE y sus autoridades locales y regionales deberían incorporar la economía social y las empresas sociales en todas las políticas, programas y prácticas relevantes. Esto implicaría incluir a las empresas sociales como entidades elegibles en todos los programas de financiación europeos pertinentes, promoviendo la participación de la economía social y las empresas sociales en los planes de movilidad europeos y promoviendo el aprendizaje mutuo y la creación de capacidades entre las autoridades regionales y locales para desarrollar un apoyo integrado estrategias.

El informe también exige un desarrollo de un entorno económico europeo que permita a la economía social y las empresas sociales acceder a la financiación. Las recomendaciones en esta área abordan las necesidades de desarrollo de capacidades, financiación e infraestructura de las empresas sociales. Específicamente, se recomienda que se proporcionen mayores recursos a los programas de capacitación, incubadoras e intermediarios que brindan apoyo al desarrollo de capacidades, ayudando a las empresas sociales a desarrollar sus habilidades de gestión, además de lograr la estabilidad financiera. Las medidas concretas para desbloquear más fondos que se adapten mejor a las empresas sociales incluyen crear conciencia entre la comunidad de financiación más amplia sobre cómo financiar empresas sociales, desarrollar la capacidad dentro de la "comunidad de impacto", mejorar la idoneidad de la inversión social, aliviar los obstáculos regulatorios y el mapeo de los incentivos fiscales existentes asociados con la inversión en empresas sociales con el fin de diseminar las mejores prácticas. La financiación pública debería continuar siendo dirigida a las empresas sociales y también ser utilizada para movilizar capital privado, a través de la inversión y el riesgo de la financiación de la empresa social, así como mediante el establecimiento de estructuras de gobernanza adecuadas.

Mejorar el marco legal también es, a la vez, un desafío y una necesidad. El informe también llama a facilitar el desarrollo de un ecosistema dentro del cual las empresas sociales puedan prosperar. Elabora una serie de recomendaciones clave con respecto al marco legal para estimular la creación y el desarrollo de la economía social y empresas sociales. La última sección del informe trata de medidas para ayudar a la economía social y a las empresas sociales a alcanzar su potencial como impulsores clave del crecimiento económico equitativo y socialmente inclusivo. El objetivo es aumentar el apoyo de la UE a las empresas sociales en el contexto del desarrollo internacional, con vistas a alcanzar los Objetivos de Desarrollo Sostenible después de 2015.

Durante el Pleno del Parlamento Europeo que se celebró el pasado mes de octubre de 2017, se mantuvo un debate con la Comisión Europea sobre las recomendaciones del Grupo de Expertos mencionada en los párrafos precedentes. Věra Jourová, comisaria europeo de Justicia, Consumidores e Igualdad de Género, subrayó que "queremos que la economía social tenga éxito ya que ofrece innovaciones, responde a los desafíos sociales y responde a la creciente demanda de ciudadanos y consumidores de una nueva forma de hacer negocios de manera responsable y sostenible". Jourová reconoció que "hay un potencial sin explotar y barreras que obstaculizan el desarrollo del sector en muchos países". Por lo tanto, explicó que la Comisión decidió el año pasado -bajo la Start-up and

Scale-up Initiative- lanzar nuevas acciones concretas para estimular el desarrollo de la economía social. La comisaria Jourová anunció que se han realizado progresos importantes, pero que todavía hay una serie de medidas que deben aplicarse en 2018. En este sentido, subrayó que el lanzamiento de un Plan de Acción Europeo para la economía social sería prematuro: "queremos implementar lo que hemos prometido y, luego, veamos si hay que hacer más". Para concluir, la Comisaria Jourová subrayó: "seguiremos trabajando con todas las partes interesadas para garantizar que se escuche la voz de la economía social en toda Europa[143]".

5. Navarra y la economía social

Durante el año 2016 Navarra llevó a cabo la actualización de su estrategia de especialización inteligente (Smart Specialisation Strategies, en adelante S3). Las S3 son un modelo para el desarrollo económico que implica concentrar los recursos en las áreas económicas en las que cada región cuenta con ventajas competitivas significativas. Para ello, la S3 requiere el desarrollo de una visión de futuro compartida y la identificación -a través de un proceso denominado de "descubrimiento emprendedor"- de unas prioridades temáticas teniendo en cuenta el potencial económico, científico-tecnológico y la competitividad global de la región, y de sus actores, singularmente las empresas.

Finalmente, la S3 propone el uso de políticas inteligentes enfocadas a dichas prioridades para maximizar el potencial de desarrollo regional, avanzando hacia una economía basada en el conocimiento.

La S3 de Navarra incluye un diagnóstico, visión estratégica de Navarra 2030 y establece unas prioridades temáticas, que se dividen en áreas económicas (como automoción, cadena alimentaria, salud o renovables) y factores de competitividad. Uno de estos factores de competitividad es el desarrollo empresarial. La estrategia de Navarra determina que se debe "Facilitar la transformación del tejido industrial de Navarra para orientarlo hacia la Industria del futuro: más competitiva, más tecnológica, más innovadora, más sostenible y más comprometida con la sociedad y el entorno. Potenciar la competitividad empresarial a través del modelo clúster, políticas de crecimiento e internacionalización. Fomentar un nuevo modelo de empresa a través de la innovación organizativa y la participación laboral, consolidando un clima laboral de confianza".

La S3 también identifica las herramientas principales para desarrollar dicho objetivo, como son la elaboración de un plan industrial, política de clústeres, plan de emprendimiento, de internacionalización y, como no, la elaboración de un Plan de economía social. A su vez, la S3 de Navarra incluye la aprobación de un Plan de economía social como uno de los instrumentos para la implementación de la misma.

Existen otras referencias a sectores de la economía social, como por ejemplo cuando se selecciona la cadena alimentaria como uno de los sectores clave, es debido, en parte, a la "existencia de un rico tejido de cooperativas y empresarios autónomos".

Como se ha señalado, la S3 debe servir para desarrollar las potencialidades de Navarra, puesto que sirve de quía al Gobierno para implementar sus políticas. Por este motivo, en atención al mandato establecido en la S3 el Gobierno aprobó durante 2017 el Plan Integral de economía social de Navarra para el periodo 2017 – 2020.

Navarra es una de las CCAA en las que la economía social tiene mayor peso y arraigo, tal y como se desprende de los datos del sector y del análisis DAFO elaborado para la definición de la estrategia del Plan:

- Por su contribución al empleo, que ha sido especialmente importante en este largo y duro periodo de crisis, habiendo superado el número de empleos existentes antes de la crisis en el sector, habiendo dado respuesta a empresas en crisis para mantener actividad y empleo, siendo la tercera CCAA en el porcentaje de empleo de la economía social.
- Por su contribución cualitativa y diferencial al empleo, un modelo de empleo diferente, participativo y responsable, un empleo más estable y sostenible, más solidario e inclusivo, un empleo vinculado a nuestra región y a nuestros recursos, un empleo de personas y no de recursos humanos, un empleo colectivo y no números de empleo.
- Por la vinculación al territorio de las empresas de economía social, son empresas que no se deslocalizan y las cooperativas agroalimentarias están implantadas a lo largo de la geografía de nuestra región, todas ellas contribuyen a la vertebración territorial, a la generación y mantenimiento de la actividad empresarial y del empleo en el territorio.
- Por el número de personas que trabajan en fundaciones y asociaciones complementando la actividad pública, por los resultados de inserción laboral de las personas en situación y riesgo de exclusión, por la participación de la economía solidaria.
- Por su contribución al emprendimiento, un modelo de emprendimiento colectivo, con personas de la región y en el territorio, una base para el tejido empresarial de fututo trabajando con la "cantera", de manera que las empresas de economía social creadas en 2015 superan el 7% del total de empresas creadas en Navarra, el doble que antes de la crisis.
- Por el fuerte arraigo empresarial de la economía social en Navarra, con presencia en todos los sectores de actividad,

tercera CCAA en número de empleo relativo, con empresas de economía social innovando, exportando y creando empleo, con empresas y grupos empresariales de referencia.

El sector de la economía social de Navarra se completa con los Centros Especiales de Empleo sin ánimo de lucro que no tienen una organización representativa, así como asociaciones que lleven a cabo actividad económica con base social en Navarra. La escasez de estadísticas periódicas y completas sobre el sector de la economía social es un obstáculo para un diagnóstico apropiado del sector en su conjunto. No obstante, a partir de los datos existentes, las cifras de la economía social en Navarra en 2015, correspondientes a las familias descritas anteriormente, son las siguientes:

- 1.064 empresas de economía social.
- 16.430 personas empleadas, que representan más del 7% de la población ocupada en el sector privado de Navarra.
- 1.953 millones de euros de facturación estimada
- Más de 28.000 personas socios y voluntarios de las empresas de economía social.

La mayor parte de las empresas y del empleo, más del 60%, se concentra en cooperativas y sociedades laborales, fundamentalmente las empresas de trabajo asociado, aunque también es destacable el número de entidades y empleo en Fundaciones, superior al 20%. La mayor parte de la facturación se concentra nuevamente en las cooperativas y sociedades laborales, más del 95%, si bien en esta variable la mayor contribución corresponde a las cooperativas agroalimentarias. Lo mismo sucede con el número de socios.

Con respecto a la evolución de estas cifras durante estos años, destacar que en 2015 se ha recuperado el número de personas empleadas antes de la crisis y que el volumen de negocio del conjunto de la economía social ha continuado aumentando durante estos años.

El análisis preparado para la confección del Plan Integral identifica las oportunidades importantes y específicas para la economía social de Navarra. Concluye que existe potencial para su desarrollo y crecimiento y su papel en el desarrollo socioeconómico de Navarra, fundamentalmente su contribución al empleo y la transformación social. El Plan Integral tiene como objetivo potenciar los resultados: integración vertical a través de un conjunto de acciones complementarias, integración temporal combinando acciones a corto y largo plazo, integración horizontal incluyendo acciones de las diferentes familias de la economía social, buscando sinergias y complementariedades entre ellas.

Al mismo tiempo, este plan busca alinear a todas las empresas, organizaciones y agentes de la economía social en una estrategia común, en colaboración con la administración; es decir, como participantes del mismo proyecto, desde la fase de diseño, para trabajar en coordinación hacia el mismo objetivo. Para aprovechar este potencial, el apoyo de las políticas públicas al desarrollo de las acciones previstas por el Plan Integral de economía social no es suficiente por sí mismo. También es necesario integrar la economía social en todas las políticas de Navarra de forma transversal.

6. Conclusiones

La economía social sigue siendo una gran desconocida en varios Estados miembros de la UE, incluso en grandes sectores de muchos de esos Estados o regiones subestatales, como Navarra, donde ha estado fuertemente arraigada. Sin embargo, está demostrando ser un sector extremadamente resiliente para resistir crisis económicas. Los años de la recesión económica más severa (2008-2013) estuvieron acompañados por un dramático aumento del desempleo (en Navarra alcanzó el 15% de la población activa, que es el doble de la que tenía antes de la crisis). En este contexto, el número de empleos activos en empresas de la economía social en Navarra aumentó, lo que demuestra la fortaleza de este sector para reforzar tanto la calidad como la estabilidad del empleo.

Por otro lado, la economía social trae consigo una mayor estabilidad en el entorno empresarial y atrae más inversiones a la región. Cabe señalar que el peso de la industria en Navarra es considerable: alcanza casi el 30% de la actividad económica total, mientras que la media de la UE es del 16%. Aun así, Navarra está demasiado expuesta al capital corporativo de fuera de la región, y esto significa que el nivel de toma de decisiones de muchas de las grandes industrias generalmente se concentra en Madrid o en otras ciudades de los países de la UE. Sin embargo, las empresas de la economía social tienden a estar más profundamente arraigadas en el territorio que en otros sectores de la economía. La Estrategia de Especialización Inteligente de Navarra, antes mencionada, se refiere específicamente a un movimiento cooperativo, un ejemplo de lo cual es el Grupo AN: una cooperativa de más de 100 años de antigüedad, dedicada a la industria agroalimentaria pero también diversificada en áreas de la energía y los sectores de seguros, con una facturación anual cercana a los mil millones de euros. No puede dejar de mencionarse el Grupo Mondragón, una cooperativa industrial global que aporta casi el 1,3% del PIB de Navarra con más de 4.000 empleos directos, solo superado por el Grupo Volkswagen.

Por lo tanto, el arraigo profundo y la fuerte conexión con la región es uno de los factores clave de la economía social. Además de esto, existe un modelo de gobernanza que otorga más importancia al bienestar y la estabilidad laboral sobre el capital. El trabajador es el protagonista de la economía social. La participación directa en la toma de decisiones hace de la economía social un hecho diferencial, que no se repite en otros sectores. Las inversiones se realizan teniendo en cuenta tanto a los trabajadores como a la dimensión social y el impacto que puede tener en la región, mientras que al mismo tiempo nunca pierden de vista la competitividad de las empresas, ya que tienen que seguir operando en un entorno internacional cambiante y exigente.

Todos estos factores nos llevan a reflexionar sobre la existencia misma de la Unión Europea. Los primeros artículos del Tratado de la Unión Europea ofrecen una visión general de los valores en los que se basa, que son: el respeto de la dignidad humana, la libertad y la igualdad. También destaca los valores compartidos por los Estados miembros, como el pluralismo, la no discriminación, la tolerancia, la justicia, la solidaridad y la igualdad entre hombres y mujeres, entre otros. El Tratado también establece que las decisiones deben tomarse de la manera más abierta y cercana posible a los ciudadanos. Además de todo esto, existe el artículo 50, según el cual, cada estado miembro podrá decidir, de conformidad con sus leyes constitucionales, retirarse de la Unión, es decir, la membresía es voluntaria.

Valores de la UE (arts 1, 2 ad 3 del TUE)	Valores de la economía social **(Social Economy Europe)**
Respeto de la dignidad humana y promoción del bienestar	Relevancia del individuo sobre el capital
Democracia, las decisiones se toman lo más abiertamente posible y lo más cerca posible del ciudadano	Control democrático de los miembros

Igualdad, pluralismo, no discriminación	Combinación de los intereses de los miembros, los usuarios y el interés general (sociedad)
Solidaridad	Reinversión del beneficio para cumplir objetivos de desarrollo sostenible, servicios de interés para los miembros o el interés general
Cualquier Estado miembro puede decidir retirarse de la Unión de conformidad con sus propios requisitos constitucionales (artículo 50)	Pertenencia voluntaria y abierta

Todos los puntos tratados aquí presentan una sorprendente similitud entre los valores defendidos por la UE y aquellos en los que se basa la economía social. El reto de la economía social es demostrar que la rentabilidad, la competitividad y el desarrollo del sector empresarial no están en contradicción con el desarrollo de un mayor bienestar y dignidad de los trabajadores y de la sociedad en general. Me atrevería a decir que la economía social está en el corazón de los valores en los que se basa la Unión Europea, y es por esta misma razón que creemos que la exigencia de un desarrollo más amplio de esta política debería estar entre las principales prioridades de todas las instituciones europeas.

Bibliografía

Economic Development Department, *Comprehensive Social Economy Plan of Navarra 2017-2020* (Government of Navarra, 2017) http://na.bruselas.site/es/comprehensive-social-economy-plan-navarra-2017-2020.

European Commission, *Social Economy in the EU*, http://eur-lex.europa.eu/

Expert Group on Social Entrepreneurship (GECES), *Social enterprises and the social economy going forward (European Commission*, 2016) http://ec.europa.eu/growth/content/social-enterprises-and-social-economy-going-forward-0_en

Quentin Liger, Marco Stefan, Jess Britton, *Social Economy*, Directorate General for Internal Policies, (European Parliament, IP/A/IMCO/2015-08), 2016 http://www.europarl.europa.eu/RegData/etudes/STUD/2016/578969/IPOL_STU(2016)578969_EN.pdf

Terjesen, S., Lepoutre, J., Justo, R. y Bosma, N., *Global Entrepreneurship Monitor Report on Social Entrepreneurship*, Global Entrepreneurship Research Association, 2016

Web sites (url);

- http://www.socialeconomy.eu.org/blog/european-parliament-debates-european-action-plan-social-economy
- http://www.gemconsortium.org/about.aspx?page=pub_gem_special_topic_reports.
- http://ec.europa.eu/growth/sectors/social-economy_en
- https://ec.europa.eu/growth/smes/business-friendly-environment/small-business-act_en
- http://publications.europa.eu/en/publication-detail/-/publication/12d044fe-617a-4131-93c2-5e0a951a095c
- http://eur-lex.europa.eu/legal-content/ES/TXT/HTML/?uri=CELEX:52011DC0682&from=EN
- https://ec.europa.eu/info/law/european-social-entrepreneurship-funds-eusef-regulation-eu-no-346-2013_en .

- https://ec.europa.eu/commission/commissioners/2014-2019/katainen/announcements/juncker-plan-supports-400-microbusinesses-luxembourg_en
- http://ec.europa.eu/growth/tools-databases/newsroom/cf/itemdetail.cfm?item_id=5479&lang=en
- http://ec.europa.eu/social/main.jsp?catId=836&langId=en
- http://ec.europa.eu/regional_policy/sources/docgener/informat/2014/guidance_social_economy.pdf
- http://repositori.uji.es/xmlui/bitstream/handle/10234/167831/P.O._FSE_14-20_NAVARRA.pdf?sequence=1
- http://ec.europa.eu/social/main.jsp?langId=en&catId=89&newsId=2149&furtherNews=yes
- http://s3platform.jrc.ec.europa.eu/documents/20182/84453/Guide_to_Social_Innovation.pdf
- https://ec.europa.eu/growth/single-market/public-procurement/rules-implementation_en http://ec.europa.eu/DocsRoom/documents/12965/attachments/6/translations
- http://ec.europa.eu/competition/publications/cpn/2012_1_9_en.pdf
- http://ec.europa.eu/competition/state_aid/overview/new_guide_eu_rules_procurement_en.pdf
- http://ec.europa.eu/DocsRoom/documents/14608/attachments/48/translations
- https://ec.europa.eu/digital-single-market/en/collective-awareness
- http://www.horizon2020.es/instrumento-pyme/
- https://ec.europa.eu/growth/industry/innovation/policy/social/competition_en

- http://ec.europa.eu/research/horizonprize/index.cfm?prize=social-innovation
- http://ec.europa.eu/regional_policy/en/regio-stars-awards
- https://institute.eib.org/social-innovation-tournament-2

Aproximación teórica a la tipología de políticas públicas de fomento de la economía social en Europa[144]

Jon Morandeira Arca & Ane Etxebarria Rubio

GEZKI
Gizarte Ekonomia eta Zuzenbide Kooperatiboaren Institutua
Instituto de Derecho Cooperativo y Economía Social
Universidad del País Vasco / Euskal Herriko Unibertsitatea[145]

Aproximación teórica a la tipología de políticas públicas de fomento de la economía social en Europa[146]

El objetivo de este trabajo es analizar el marco teórico de las políticas públicas de la economía social en Europa que tienen como fin su fomento, divulgación e impulso. En este sentido, el estudio de las políticas públicas sobre la economía social debe enfocarse diferenciando entre las políticas que inciden sobre la estructura del sector apoyando la creación y desarrollo de las entidades y las políticas de empleo que inciden directamente en el empleo de las entidades.

De esta manera, el presenta trabajo consta de cinco epígrafes, además de esta breve introducción, el segundo epígrafe analiza y sintetiza el marco teórico sobre la tipología de las políticas públicas sobre la economía social. El tercero desarrolla aquellas políticas dirigidas a las entidades de economía social y el cuarto epígrafe recoge, siguiendo el esquema planteado en el segundo apartado, las políticas dirigidas al empleo en las propias entidades de economía social. Finalmente, se concluye con un apartado dedicado a las consideraciones finales respecto al análisis realizado.

1. Tipologías de políticas públicas sobre economía social en Europa

La articulación de políticas públicas a favor de la economía social por parte de los *policy makers* y los agentes sociales depende del grado de conocimiento y reconocimiento de la capacidad de corrección de desequilibrios sociales y económicos del sector, contribuyendo al logro de diferentes objetivos de interés general favoreciendo el desarrollo económico endógeno, corrigiendo el déficit en servicios sociales, contribuyendo a la cohesión social y distribución de la riqueza y corrigiendo desequilibrios en el mercado de trabajo (Rafael Chaves y Jose Luis Monzón, 2000). Es decir, la economía social es en el ámbito del empleo, de la cohesión social, de la generación de tejido social y económico, del desarrollo de la democracia, de la innovación social y del desarrollo local donde mayor valor añadido social reporta (Rafael Chaves, 2012: 175).

Pero además de la satisfacción de necesidades sociales, existen dos argumentos más que justificación de la intervención pública en la economía social (Chaves, 2010: 572 y 2012: 174). Por un lado, los gobiernos deben asegurar las condiciones de pluralismo económico garantizando la igualdad de oportunidades de todos los agentes económicos. Y por otro lado, la corrección de los diferentes fallos de mercado[147], a la que se le suman los 'fallos institucionales' debido a su naturaleza institucional diferenciada basada en la democracia y distribución específica de los excedentes y beneficios.

El estudio de las políticas públicas sobre la economía social debe enfocarse diferenciando entre las políticas públicas sobre la economía social que inciden sobre la estructura del sector apoyando la creación y desarrollo de las entidades, y la política de empleo que inciden directamente en el empleo de las entidades de economía social (Chaves y Monzón, 2000b y Chaves, 2008).

Cuadro 1: Políticas públicas de la economía social

Políticas dirigidas a las entidades de economía social - *Políticas de oferta (sobre la estructura de las organizaciones)* - Medidas institucionales - Medidas financieras - Medidas de apoyo económico con servicios reales - *Políticas de demanda (sobre la actividad de las organizaciones)*
Políticas dirigidas al empleo en las entidades de economía social - Medidas de ayuda a la creación y estabilización del empleo en la economía social - Medidas de apoyo a la formación en la economía social - Otras medidas

Fuente: Chaves (2008).

Otra clasificación de las políticas públicas dirigidas a la economía social en base a la naturaleza de los instrumentos o medidas utilizadas es la realizada por Jose Luis Monzón, Rafael Calvo, Rafael Chaves, Isabel Gemma Fajardo y Fernando Valdés (2009: 92)
(véase cuadro 2).

Cuadro 2: Categorización de políticas dirigidas a la economía social

Medidas institucionales	1. Reconocimiento de la economía social como actor privado. 2. Reconocimiento de la capacidad operativa de la economía social en todo sector de actividad económica. 3. Reconocimiento de la economía social como actor político. 4. Reconocimiento de la economía social como actor ejecutor de políticas. 5. Organismos públicos de fomento de la economía social.
Medidas Cognitivas	6. Difusión y conocimiento de la economía social por la sociedad. 7. Formación en economía social. 8. Investigación en economía social.
Medidas Económicas	9. Medidas presupuestarias. 10. Medidas fiscales. 11. Otras medidas de apoyo financiero. 12. Medidas de apoyo técnico.

Fuente: Monzón, et al (2009: 92).

Pero siendo los principales instrumentos de intervención pública en el sector privado la coerción pública, la información y los incentivos, Chaves (2010 y 2012) categoriza las políticas de fomento de la economía social en dos grandes grupos: las políticas *soft* y las políticas *hard* (cuadro 3).

Las primeras dirigidas a establecer un entorno o marco ambiental institucional y cultural propicio en el que surjan, operen y se desarrollen; y las segundas dirigidas a las propias entidades en su condición de unidad económica/empresarial.

Cuadro 3: Tipologías de políticas dirigidas a la economía social

Políticas soft. Políticas dirigidas a crear un entorno favorable
Medidas Institucionales
• Dirigidas a la forma jurídica en tanto que actor privado. • De reconocimiento de la capacidad operativa de operar de la economía social en todo sector de actividad económica. • De reconocimiento de la economía social como actor político, interlocutor en la elaboración y en la ejecución de políticas públicas. • De impulso de organismos públicos de fomento de la economía social.
Medidas de carácter cognitivo
• De difusión y conocimiento de la economía social por la sociedad. • De fomento de la formación en materia de economía social. • De fomento de la investigación en economía social.

Políticas hard. Políticas económicas de fomento empresarial
Medidas de oferta: Medidas dirigidas a mejorar la competitividad
• Medidas presupuestaria, fiscales y de apoyo financiero; medidas de apoyo técnico, formativo, etc. Se distinguen atendiendo al ciclo de vida de la empresa (según sea la fase de creación o de desarrollo empresarial) y a la función empresarial a fortalecer (financiación, consultoría/asesoramiento, formación, empleo y gestión de recursos humanos, cooperación y redes, I+D e innovación, calidad, nuevas tecnologías de la información y la comunicación, espacio físico, etc.).
Medidas de demanda: Medidas dirigidas al nivel de actividad
• Facilitar el acceso a los mercados extranjeros y los mercados públicos.

Fuente: Jon Morandeira (2013: 184).

Estas clasificaciones difieren no tanto en los contenidos sino que en la mera jerarquización, por lo que se propone la siguiente clasificación en base a las realizadas por Chaves (2002: 457; 2008:41; 2010: 573; y 2012: 177), Monzón et al (2009: 92) (véase cuadro 4).

Cuadro 4: Políticas públicas sobre la economía social

Políticas dirigidas a las entidades de economía social		
Políticas de oferta (sobre la estructura de las organizaciones)		
Medidas Institucionales	• Reconocimiento de la economía social como actor privado. • Reconocimiento de la capacidad operativa de la economía social en todo sector de actividad económica. • Reconocimiento de la economía social como actor político. • Organismos públicos de fomento de la economía social.	***Políticas soft***
Medidas Cognitivas	• Difusión, formación e investigación en economía social.	***Políticas soft***
Medidas Económicas	• Medidas presupuestarias. • Medidas fiscales. • Otras medidas de apoyo financiero. • Medidas de apoyo técnico.	***Políticas hard***

Políticas de demanda (sobre la actividad de las organizaciones)	
• Medidas de acceso a la condición de proveedor de la Administración Pública. • Medidas de regulación y aplicación de partenariados público-privados con la economía social.	***Políticas hard***
Políticas dirigidas al empleo en las entidades de economía social	
• Medidas de ayuda a la creación y estabilización del empleo en la economía social. • Medidas de apoyo a la formación en economía social. • Otras medidas.	***Políticas hard***

Fuente: Morandeira (2013: 185).

2. Políticas públicas dirigidas a las entidades de economía social

En base al esquema presentado en el apartado anterior (Véase Cuadro 4) y como referencias a Chaves (2002, 2008 y 2012), Monzón et al (2009) y Baleren Bakaikoa y Jon Morandeira (2012), se realiza a continuación la delimitación y descripción de las diferentes medidas de las políticas públicas sobre la economía social.

2.1. Políticas de oferta

Tal y como se indica en el Cuadro 4, las políticas de oferta son aquellas que están dirigidas a la estructura de las entidades de la economía social. Se distinguen, en primer lugar, las medidas institucionales y cognitivas dirigidas a conferir un espacio sistémico a la economía social, y en segundo lugar, medidas económicas con el fin de mejorar la eficiencia y la eficacia las entidades de economía social.

2.2. Medidas institucionales

El marco institucional sobre la Economía social confiere un espacio sistémico al mismo, reconociéndole como actor económico, social y en el proceso de elaboración y aplicación de políticas públicas (Chaves, 2008 y Monzón et al, 2009). Tal y como se indica en el cuadro anterior se distinguen las siguientes:

- Reconocimiento de la economía social como actor privado

Estas medidas hacen referencia a aspectos jurídicos y estatutarios de las entidades de economía social. En un entorno tan dinámico como en el que vivimos, la legislación debe adaptarse a las nuevas exigencias del entorno favoreciendo a la economía social, en caso contrario podría ver limitado su desarrollo. "La adaptación de la normativa jurídica a las nuevas demandas de los agentes favorece su reconocimiento, despliegue y desarrollo" (Monzón et al, 2009: 93).

- Reconocimiento de la capacidad operativa de la economía social en todo sector de actividad económica

La legislación puede levantar importantes barreras de acceso y al libre desarrollo de algunas actividades de las entidades de economía social.

Parece razonable, dada la naturaleza análoga de las dos medidas anteriores, considerarlas como una misma medida dentro las medidas institucionales (Bakaikoa y Morandeira, 2012: 238).

- Reconocimiento de la economía social como actor político

Hace referencia a la existencia de órganos institucionalizados de participación y diálogo social con representación de la economía social, participando en los procesos de elaboración de políticas públicas. En base a Yves Vaillancourt (2009) se pueden diferenciar cuatro tipos de escenarios en base al modo de integración de actores externos (Chaves, 2012 y Teresa Savall, 2013):

- Mono-construcción: El Estado toma las decisiones sobre la elaboración de las políticas públicas de manera unilateral, sin consultar con agentes externos. Se trata del modelo opuesto a la idea de la co-construcciónm.
- Co-construcción neoliberal: El Estado tiene en cuenta a los grupos sociales del sector privado que tienen un mayor poder socio-económico. Este modelo sólo beneficia a los grupos sociales que participan en el proceso, dejando de lado el objetivo del interés general.
- Co-construcción corporativista: El Estado da la oportunidad de que los agentes sociales participen, pero sólo participan en el diálogo para la elaboración de políticas los grupos que tienen mayor capacidad de organización para ejercer presión en la toma de decisiones.
- Co-construcción basada en la democracia y la solidaridad: El Estado cuenta con la participación tanto de los agentes de mercado como de la sociedad civil en el proceso de elaboración de políticas, aunque la última decisión estará en sus manos.

- Organismos públicos de fomento de la economía social

Se trata de la existencia de órganos dentro de la Administración Pública con competencias en materia de economía social, constituyéndose como indicador del nivel de reconocimiento y priorización de los *policy makers*, y también, un gran impulso a la visibilidad e imagen sociopolítica además de otros efectos sobre le proceso político tales como información y coordinación entre otros.

2.3. Medidas cognitivas

Las políticas de difusión, formación e investigación están dirigidas a proporcionar visibilidad y receptividad social, y a desarrollar competencias en materia de formación e investigación.

En concreto, se trata de medidas en favor de la presencia de la economía social en los planes de estudios de los centros de enseñanza media, profesional y universitaria, en los servicios públicos de empleo y en los servicios profesionales privados de asesoramiento y creación de empresas, así como la existencia de centros públicos, público-privados o privados específicos.

2.4. Medidas económicas

- Medidas Presupuestarias

Hace referencia a las partidas y/o los programas presupuestarios dirigidos al fomento de la estructura de las entidades de economía social, operativizándose en subvenciones.

- Medidas Fiscales

En este caso, se trata del régimen fiscal específico que puede facilitar la consolidación y desarrollo de la economía social.

- Otras medidas de apoyo financiero

Se trata de medidas dirigidas a facilitar el acceso al crédito de las entidades de economía social. Se distingue entre medidas legislativas[148] y la participación pública en organismos financieros en favor de la economía social.

- Medidas de apoyo técnico

También denominadas como medidas de apoyo técnico con servicios reales. Estructuras públicas de desarrollo de la economía social mediante la prestación de servicios técnicos de información, formación, investigación, asesoramiento, etc. Estas estructuras pueden darse bajo tres modalidades y pueden estar gestionadas de manera centraliza o descentralizada dentro de la Administración Pública:

- Estructuras pasivas: se limitan a apoyar las iniciativas de la economía social.
- Estructuras catalizadoras: favorecen directamente la creación de iniciativas de desarrollo dentro de la economía social.
- Estructuras proactivas: realizan iniciativas públicas para el desarrollo de la economía social.

3. Políticas de demanda

En cuanto a la política de demanda, ésta pretende incidir sobre el nivel de actividad de las entidades de economía social, partiendo del principio de que un aumento en el gasto público de modo selectivo genera un aumento en el nivel de actividad de éstas. Por tanto, estaría dirigida a facilitar el acceso de la economía social a la condición de proveedor de bienes y servicios al Sector Público.

3.1. Medidas de acceso a la condición de proveedor de la administración pública. Las cláusulas sociales

El acceso a la condición de proveedor de la Administración Pública se materializa por medio de las denominadas cláusulas sociales en las contrataciones de las administraciones públicas (Santiago Lesmes, 2008), aceptadas a nivel europeo tras la aprobación de la Directiva 2004/18/CE del Parlamento Europeo y del Consejo relativa a la coordinación de los procedimientos de adjudicación de los contratos públicos de obras, de suministro y de servicios: "El poder adjudicador podrá regirse por criterios destinados a satisfacer exigencias sociales que, en particular, respondan a necesidades -definidas en las especificaciones del contrato- propias de las categorías de población especialmente desfavorecidas".

Estos mecanismos se recogen dentro del concepto de compra social, aquella que "considera aspectos tales como la calidad del empleo, la perspectiva de género, la contratación de personas con discapacidad o la contratación de empresas de inserción y centros especiales de empleo, el apoyo a la economía social y pequeñas y medianas empresas, la promoción de la igualdad de oportunidades y el diseño y accesibilidad para todos y el fomento de responsabilidad Social empresarial", que junto a la compra verde y compra ética conforma la concepción de la compra pública sostenible (Santiago Lesmes y Laura Rodríguez, 2010: 10).

Con arreglo a la Directiva 2004/18/CE antes citada, Lesmes y Rodríguez (2010: 43-66) especifican las siete fases del proceso de adjudicación adecuadas para la incorporación de criterios sociales:

Determinación del objeto del contrato: el poder adjudicatario goza de libertad de definición del objeto de contrato que mejor se adapte a sus necesidades, pudiendo incorporar consideraciones sociales[149], respetando los principios de no discriminación y libre circulación de bienes y servicios.

Especificaciones técnicas: se trata de fijar de manera objetiva y detallada las características requeridas a los licitadores para que el producto, obra o servicio satisfaga los fines.

Contratos reservados: se trata de reservar contratos a entidades de carácter social (principalmente a centros especiales de empleo y empresas de inserción) que en condiciones normales podrían tener dificultades para obtener contratos, lo que en la práctica aparta el contrato de la concurrencia pública pero sin vulnerar los principios de libre competencia y no discriminación.

Exigencia de capacidad técnica: se trata de exigir una determinada solvencia técnica para valorar la capacidad del licitador y su admisión o no como tal, en la que se podrá introducir aspectos sociales cuando resulte objetivo, proporcionado y razonable a la naturaleza y contenido del contrato.

Criterios de preferencia: se trata de criterios de desempate teniendo en cuenta aspectos de carácter social relacionados con las entidades sociales, solidarias y no lucrativas.

Criterio de adjudicación/valoración: se trata de aplicar criterios sociales en la fase de valoración de las diferentes propuestas, aunque resulta la más restrictiva.

Condiciones de ejecución: se trata de establecer criterios sociales a la hora de llevar a cavo el contrato, es decir, son obligaciones de carácter social relacionadas con la ejecución del contrato.

Dado que no es legal limitar el acceso a contratos públicos a determinada forma jurídica de empresa[150], para fomentar la participación de las entidades de economía social en los contratos públicos deben formularse las condiciones del contrato antes señaladas de manera que las entidades de economía social puedan convertir sus activos particulares[151] en ventajas competitivas (Silke Moschitz, 2004: 36). De hecho, "after a long time when the protection of competition policy was the mainstream in public markets the revision of the EU regulation of public procurement in 2014 (Directives 2014/23; 2014/24 and 2014/25) opened new opportunities to national, regional and local governments to foster social economy facilitating their access to public sector supplier status" Monzon y Chaves, 2017:49).

3.2. Otras medidas sobre la actividad de las entidades en base al modo de regulación y de operativización de partenariados entre la economía social y la administración pública

Medidas relacionadas con la actividad de las entidades pero no como proveedores directos de la Administración Pública, sino como parte de la oferta de servicio público relacionados con el bienestar social. De hecho, el Estado de bienestar viene apoyándose en la economía social como actor ejecutor de las políticas de bienestar social ofertando servicios de interés social o general, lo que implica un gran impacto sobre la consolidación y desarrollo de la economía social (Monzón et al, 2009: 94-95). Las formulas para ofertar dichos servicios se pueden materializar en los siguientes (Bakaikoa y Morandeira, 2012: 252):

- Medidas presupuestarias: partidas y/o los programas presupuestarios dirigidos al fomento de las actividades de las entidades de economía social, operativizándose en subvenciones diferenciando entre las subvenciones de procedimiento ordinario o procedimiento de concurrencia competitiva, y las subvenciones de procedimiento especial o procedimiento de concesión directa, normalmente, por medio de convenios de colaboración.
- Concertación o contractualización: instrumento de formalización de la relación entre la Administración Pública y las cooperativas, por los que éstas comprometen a suministrar un servicio de interés social o general concreto al ciudadano.
- Cheques-servicios, vales o bonos[152]: instrumentos que permiten al ciudadano destinar los recursos que el Estado le asigna a aquella entidad que le ofrezca el servicio que mejor satisfaga o se adecue a sus necesidades, dependiendo, además, de la regulación pública sobre las entidades susceptibles de ofertar el servicio.

4. Políticas públicas dirigidas al empleo en entidades de economía social

Se trata de políticas públicas orientadas directamente al empleo en la economía social o políticas generales de las cuales la economía social se aprovecha en gran medida, pudiendo identificar tres tipos de medidas que no todas están centradas única y exclusivamente en este sector de la economía (Chaves, 2008: 56-59):

4.1. Medidas de ayuda a la creación y estabilización del empleo en la economía social

Son programas de ayuda al empleo en la economía social en el que se pueden diferenciar:

4.2. Ayudas para la creación directa de empleo en las entidades de economía social

Ayudas con las que se favorece la creación directa de empleo por medio de subvenciones temporales (parciales o totales) de los asalariados o por medio de la reducción de las cotizaciones a la Seguridad Social de los trabajadores.

4.3. Ayudas al empleo por medio de incentivos a la creación de una entidad de economía social

Son ayudas, normalmente, relacionadas con las políticas activas de empleo y las personas más desfavorecidas o en riesgo de exclusión social.

4.4. Ayudas para estabilización del empleo en las entidades de economía Social.

Ayudas para el mantenimiento del empleo, para la incorporación de los asalariados como trabajadores socios o la incorporación de trabajadores desempleados, especialmente en riesgo de exclusión, como trabajadores socios de la entidad de economía social.

4.5. Medidas de apoyo a la formación en economía social

Se trata de medidas de políticas activas de empleo de formación de la mano de obro relacionados con la creación de empleo, que generalmente son horizontales, es decir, son medidas generales y no específicas. Aunque en el ámbito de la inclusión sociolaboral de grupos desfavorecidos o en riesgo de exclusión que normalmente adoptan formas de economía social, toman parte en la formación de dichos grupos facilitando su inserción en el mercado laboral ordinario, es decir, siendo organizaciones activas en las políticas activas de empleo para grupos desfavorecidos o en riesgo de exclusión a los que van dirigidas medidas específicas.

4.6. Otras medidas

En cuanto a otras medidas de políticas de empleo se destacan las medidas destinada a mejorar la adecuación entre la oferta y demanda de empleo mediante la liberalización de los servicios de empleo en agencias privadas sin ánimo de lucro o adoptando las ETT (empresas de trabajo temporal) formas de la economía social. Y las medidas que favorecen la distribución del empleo por medio de las entidades de economía social.

5. Consideraciones finales

Del análisis de la teorización de las políticas públicas en economía social, se puede realizar la siguiente clasificación que pretende esquematizar las diferentes políticas y medio, identificando la técnica de fomento utilizada para cada una de ellas (véase cuadro 5).

Cuadro 5: Políticas públicas de la economía social y técnica de fomento

POLÍTICAS dirigidas a las entidades de economía social			Técnicas de la actividad de fomento
Políticas de oferta (sobre la estructura de las organizaciones)			
Medidas Institucionales	• Reconocimiento de la economía social como actor privado y su capacidad operativa en todo sector de actividad económica. • Reconocimiento de la economía social como actor político. • Organismos públicos de fomento de la economía social.	***Políticas soft***	**Medios Jurídicos**
Medidas Cognitivas	• Difusión, formación e investigación en economía social.	***Políticas soft***	**Medios económico s directos**
Medidas Económicas	• Medidas presupuestarias.	***Políticas hard***	**Medios económico s directos**

	• Medidas fiscales. • Otras medidas de apoyo financiero. • Medidas de apoyo técnico.		**Medios Fiscales**
			Medios económico s indirectos
			Medios reales
Políticas de demanda (sobre la actividad de las organizaciones)			
• Medidas de acceso a la condición de proveedor de la Administración Pública. • Medidas de regulación y aplicación de partenariados público-privados con la economía social.		***Políticas hard***	**Medios reales**
			Medios económico s directos
POLÍTICAS dirigidas al empleo en las entidades de economía social			
• Medidas de ayuda a la creación y estabilización del empleo en la economía social. • Medidas de apoyo a la formación en economía social. • Otras medidas.		***Políticas hard***	**Medios económico s directos**
			Medios Jurídicos

Fuente: Morandeira (2013: 194).

Como se puede observar, las políticas públicas de fomento de la economía social se categorizan en dos grandes grupos: las políticas soft, dirigidas a establecer un entorno institucional y cultural adecuado, y las políticas hard, dirigidas a las propias entidades en su condición de unidad económica y de empresa.

Cabe destacar que el tipo de políticas públicas de fomento que se tomen dependerá, en gran medida, de la concepción que tengan del sector los *policy makers*. Es decir, si se considera a la economía social un objetivo colectivo en sí mismo, capaz de constituir un modelo social y económico deseable, o un instrumento para conseguir otros objetivos colectivos, convirtiéndose en un objetivo intermedio.

Así, se observa que son las medidas de carácter económico las técnicas principales de fomento de la economía social. En este sentido, son las subvenciones las que toman mayor presencia.

Por otro lado, respecto a los medios jurídicos institucionales, se considerada apropiada la integración del reconocimiento de la economía social como actor privado y el reconocimiento de la capacidad operativa de la economía social en todo sector de actividad económica en una misma medida, ya que ambas medidas están relacionadas con aspectos jurídicos/legales sobre la economía social y su actividad. Respecto al reconocimiento del sector como actor político, se justifica por la importancia que tiene la economía social en la realidad socioeconómica de la sociedad, haciendo necesaria su inclusión en el proceso político.

En cualquier caso, aunque teóricamente se identifiquen más medidas económicas, el tipo de medida y la intensidad de la misma dependerá de las competencias y de la posición para con la economía social de los diferentes niveles públicos.

Bibliografía

Bakaikoa Baleren y Jon Morandeira. "El cooperativismo vasco y las políticas públicas", *Ekonomiaz-Revista Vasca de Economía*, 79 (2012): 234-263.

Chaves, Rafael. "Politiques Publiques et Economie Sociale en Europe: le cas de l'Espagne", *Annals of Public and Cooperative Economics*, 73: 3 (2002): 453-480.

----------. "Public Policies and Social Economy in Spain and Europe", CIRIEC-España, *Revista de Economía Pública, Social y Cooperativa*, 62 (2008): 35-60.

----------. "Las actividades de cobertura institucional: infraestructuras de apoyo y políticas públicas de fomento de la Economía Social" en Jose Luis Monzón (dir.). *La Economía Social en España en el Año 2008. Ámbito, magnitudes, actividades y tendencias*, CIRIEC-España, Valencia, 2010.

----------. "Las políticas públicas y las cooperativas", *Ekonomiaz-Revista Vasca de Economía*, 79 (2012): 168-196.

Chaves, Rafael y Jose Luis Monzón. "Políticas Públicas" en Chaves, Rafael, Danièle Demoustier, Jose Luis Monzón, Enzzo Pezzini, Roger Spear y Bernad Thiry (dir.). *Economía Social y Empleo en la Unión Europea*. CIRIEC-España, Valencia, 2000.

Fonfría, Antonio. "Un análisis taxonómico de las políticas para pyme en Europa: objetivos, instrumentos y empresas beneficiarias", *Papeles de trabajo del Instituto de Estudios Fiscales*, Madrid, 2006.

Lesmes, Santiago. *Guía de Contratación Pública Sostenible. Incorporación de Criterios Sociales*, IDEAS, Córdoba, 2008.

Lesmes, Santiago y Laura Rodriguez. *Guía de Contratación Pública Sostenible. Incorporación de Criterios Sociales*, IDEAS, Córdoba, 2010.

López Casanovas, Guillem (dir.). *Los nuevos instrumentos de gestión pública*, Colección de Estudios 31, Servicios de Estudios la Caixa, Barcelona, 2003.

Moschitz, Silke. *Guía CARPE de compra responsable*, Ciudades Europeas por el Consumo Responsable, Bruselas, 2004.

Monzón, Jose Luis; Rafael Calvo, Rafael Chaves, Isabel Gemma Fajardo y Fernando Valdés. *Informe para la Elaboración de una Ley de Fomento de la Economía Social*, CIRIEC, Valencia, 2009.

Monzón, Jose Luis and Rafael Chaves (dir.). *Recent evolutions of the Social Economy in the European Union*, European Economic and Social Committe, Brussels, 2017.

Morandeira, Jon. *El servicio público de fomento de la Economía Social en el País Vasco desde una perspectiva de orientación al mercado. Propuestas y acciones*, Universidad del País Vasco/Euskal Herriko Unibertsitatea, Donostia-San Sebastián, 2013.

Savall, Teresa. "Análisis de la participación de la economía social en el diálogo social", *Revista Vasca de Economía Social*, 9 (2013): 111-141.

Vaillancourt, Yves. "Social economy in the co-construction of public policy", *Annals of Public and Cooperative Economics*, 80:2 (2009), 275-313.

La política en el trabajo. Cooperativas de trabajo asociado y movilizaciones territoriales en el País Vasco francés

Xabier Itçaina

CNRS, Centre Emile Durkheim, Sciences Po Bordeaux

La política en el trabajo. Cooperativas de trabajo asociado y movilizaciones territoriales en el País Vasco francés

El estudio de las cooperativas de trabajo asociado proporciona temas de reflexión en el continuado diálogo interdisciplinar entre la sociología política y la sociología económica. En contra de lo que generalmente cree la corriente neoclásica, la evaluación de los intereses de los agentes económicos suele combinarse con otras motivaciones más vinculantes que forman parte de la moral, la responsabilidad social, los sentimientos, la confianza y los vínculos sociales. La competencia es un subsistema integrado en un contexto societario formado por valores, poder y relaciones sociales (Caillé, 1990). Según los autores de la *New Economic Sociology* (Di Maggio, 1994), la cultura quizá no sea el único factor que estructura el comportamiento económico y las instituciones pero es fundamental para darles forma:

> "La cultura puede afectar al comportamiento económico influyendo en cómo los agentes definen sus intereses (efectos *constitutivos* [...]), limitando sus actuaciones en su nombre (efectos *reguladores*), o dando forma a la capacidad de un grupo para movilizarse, o a la finalidad de la movilización". (Di Maggio, 1994, pág. 28, traducido del inglés).

Esta postura epistemológica es fructífera a la hora de analizar la influencia de las culturas e identidades territoriales en la política de desarrollo local y puede dar lugar, al menos, a tres tipos de diseño de investigación. El primero se centra en la conceptualización de la cultura y la identidad en la elaboración de políticas regionales y territoriales (Palard, 2009; Syssner, 2009). El segundo pone su atención en el análisis de un sector de actividad con vistas a descubrir qué repercusiones tiene el territorio en el "trabajo político" dentro de dichos espacios (Smith, 2008). El tercer enfoque aborda un tipo de empresa bien determinado, similar al de los especialistas en economía social, y analiza las interacciones entre este modelo organizativo y la dinámica sociopolítica y económica del territorio (Demoustier, 2004).

Aquí seguiremos esta tercera opción, mediante un estudio de casos territorial. A pesar de sus evidentes limitaciones, sostenemos que un diseño de investigación nos permite desentrañar el engranaje completo de los factores culturales, económicos y sociopolíticos de un territorio determinado. Con el presente artículo, se pretende comprender este rompecabezas mediante una investigación cualitativa sobre las cooperativas de trabajo asociado de la región vascofrancesa[153]. Hay tres motivos por los que nos centramos en un territorio pequeño – el País Vasco francés comprende la parte occidental vascoparlante (290.000 habitantes en 2008) del departamento de Pyrénées-Atlantiques, en la frontera francoespañola. En primer lugar, este territorio se ha visto afectado por un importante movimiento cooperativo desde mediados de década de 1970, un hecho que lo diferencia en el contexto francés. En segundo lugar, como su fuente directa de inspiración es la experiencia de Mondragón, el movimiento cooperativo vascofrancés ilustra las virtudes y las dificultades de exportar el modelo del País Vasco peninsular.

Por último, la dimensión política fue un factor crucial de la génesis y el posterior desarrollo del movimiento cooperativo vascofrancés. En este caso, la principal premisa es que las cooperativas de trabajo asociado vascofrancesas podrían ser consideradas como una forma organizada de representación de un movimiento social basado en el territorio y la identidad. Este proceso pudo verse por primera vez en la génesis tan politizada del movimiento cooperativo en las décadas de 1970 y 1980. En su fase inicial, el movimiento cooperativo vasco contribuyó a transformar el desarrollo económico local en una cuestión pública y política, y a incluir este asunto en la agenda gubernamental local. No obstante, el movimiento cooperativo ha evolucionado de una génesis altamente politizada a una postura más pragmática caracterizada por los ajustes en las condiciones del mercado y por la colaboración reforzada con los agentes del gobierno territorial. Con relación a este último punto, las cooperativas se beneficiaron, en las décadas de 1990-2000, de los cambios producidos en el marco regulador y jurídico francés para cooperativas, de la nueva gobernanza territorial participativa en el País Vasco francés, y de las oportunidades transfronterizas que ofrece la integración europea.

Este capítulo se estructura de la siguiente manera. Comienza con un breve análisis de las dos deficiencias de la literatura académica que el presente estudio de casos pretende abordar (apartado 1). El apartado 2 se centra en el estudio de casos y aborda la matriz político-territorial original que dio lugar al movimiento de las cooperativas de trabajo asociado en las décadas de 1970 y 1980. El apartado 3 trata sobre la adaptación de este modelo organizativo y sociopolítico alternativo a las restricciones del mercado y a las formas de gobernanza territorial cambiantes. El apartado de la conclusión sitúa en perspectiva el caso vascofrancés con relación al debate más general sobre la política del cooperativismo y la política en el cooperativismo, y ofrece recomendaciones para una posterior investigación.

1. La política en el trabajo: identidad territorial, cooperativismo, movimientos sociales

Por tanto, la finalidad de este capítulo es abordar tentativamente dos deficiencias de la literatura académica. La primera, como señalan Keating, Loughlin y Deschouwer (2003: 19), afecta a la economía política de los nuevos movimientos culturales regionales. Mientras gran parte de la investigación ha girado en torno a su dimensión política *stricto sensu* –confrontación electoral y de partidos, violencia política, políticas de identidad–, la dimensión económica de las movilizaciones subnacionales no ha sido muy estudiada hasta la fecha. Curiosamente, se ha analizado cómo cobran forma las clasificaciones de la identidad y la cultura regionales en un contexto en el que la competitividad regional se ha convertido en el principal objetivo de los políticos regionales. Basándose en casos de las regiones sueca y alemana, Syssner (2009) descubre, por ejemplo, que el hecho de concebir a las regiones como competidoras en la carrera mundial por el crecimiento económico ha traído consigo una *estereotipificación*, *mercantilización* y *estratificación* de categorías como 'cultura regional' e 'identidad regional' (Syssner 2009: 439). Por tanto, falta mucho por hacer para que tal análisis de interpretaciones selectas de la identidad regional coincida con la observación de los usos territoriales y comunitarios de la identidad colectiva en el ámbito económico. Este campo de investigación puede resultar muy prometedor si se estudian los vínculos entre cultura, territorio y la economía, combinando un planteamiento de base con un enfoque más centrado en las política y las economías institucionales (Bekemans, 1998)[154].

Este sesgo es especialmente sensible en el caso vascofrancés. Aunque las movilizaciones territoriales del País Vasco francés han sido menos estudiadas que las del País Vasco peninsular, han sido objeto de atención renovada en los últimos años. No obstante, dicha atención fue más bien dirigida hacia procesos políticos e institucionales, haciendo caso omiso a movilizaciones socioeconómicas más "discretas". Se ha estudiado el relato histórico del nacionalismo vasco (Jacob, 1994), el activismo sociopolítico entre los jóvenes vascofranceses (Bray, 2006) y las reivindicaciones políticas de un *département* vasco independiente (Chaussier, 2002; Mansvelt Beck, 2005). Más concretamente, Ahedo (2005) ha destacado el contraste entre la débil proyección electoral del nacionalismo en el País Vasco francés, y su papel en el proceso de institucionalización territorial así como su poder en las esferas cultural y económica. En consonancia con su observación, el objetivo del presente capítulo es conseguir que la investigación deje de centrarse en los sistemas institucionales y los movimientos nacionalistas para pasar a estudiar formas de movilización más discretas en el campo de la economía, que no pueden reducirse simplemente a categorías nacionalistas y no nacionalistas. Bray está en lo cierto cuando expresa sus dudas sobre "el uso del término etnonacional para describir a todo tipo de movilizaciones políticas de base en lugares como el País Vasco" (Bray, 2006: 534, traducido del inglés). La lógica de la acción colectiva en el campo económico solo puede explicarse si se entienden las complejas relaciones entre intereses sectoriales, referencias plurales a identidades territoriales, y la adaptación permanente al cambiante entorno institucional y del mercado. En efecto, este enfoque no solo es especialmente relevante para analizar las movilizaciones de los agricultores vascos (Itçaina 2009; Itçaina y Gómez 2015) sino también en el caso de la economía social y las cooperativas de trabajo asociado. Si adoptamos las distinciones de Keating, Loughlin y Deschouwer (2003:36) sobre las nociones de identidad regional o territorial (cognitiva, afectiva, instrumental), defendemos la hipótesis de que el movimiento vascofrancés de cooperativas de trabajo asociado se basa en un enfoque *instrumental* de la identidad territorial (territorio utilizado como base para la movilización y la acción colectiva), combinado con un sentimiento *afectivo* de pertenencia (cómo proporciona un marco de solidaridad e identidad común, que posiblemente compite con otras formas de identidad como la clase o la nación).

La segunda deficiencia concierne a las propias cooperativas. Aunque la economía social y las experiencias del tercer sector han acaparado cada vez más atención en la sociología política en la última década, la mayor parte del trabajo investigador se ha centrado, en un sentido estricto, en los sectores asociativos y en organismos sin ánimo de lucro. En efecto, las cooperativas de trabajo asociado, que pertenecen a los sectores de la economía social más orientados al mercado, han sido olvidadas en los modelos más restrictivos del tercer sector[155]. Este relativo silencio contrasta con el conocido debate intenso entre economistas y socioeconomistas sobre la eficiencia de la empresa cooperativa (Richez-Battesti y Defourny, 2017). Sin embargo, la sociología política tiene mucho que decir acerca de estas experiencias. Las cooperativas tienen una dimensión política por cuatro motivos, como mínimo. En primer lugar, su cultura corporativa se basa en principios de gestión muy políticos: afiliación libre, democracia interna, responsabilidad social o comunitaria, hibridación de recursos. En segundo lugar, este conjunto de valores se cimenta históricamente sobre culturas políticas y diversas fuentes ideológicas (George, 1997). En tercer lugar, las cooperativas mantienen unas relaciones básicas y de estructuración con el territorio: la creación de una cooperativa supone crear empleo local, mantener capital en el territorio y promover una visión relativamente ascendente y/o endógena del desarrollo económico. La integración de las cooperativas suele estar asociada a las culturas políticas territorializadas. Las regiones de la "tercera Italia" son muy conocidas por superponer el movimiento cooperativo y las culturas políticas "rojas" y "blancas" territoriales (Menzani, 2007). Más próximo a mi estudio de caso, el emblemático sistema cooperativo vasco-español de *Mondragón*, que asocia a cooperativas con misiones industriales, de consumo, bancarias, de beneficio mutuo y formativas, también ha sido analizado como una experiencia política por autores que se han centrado en las ideas (ética laboral y personalismo cristiano) de los fundadores de *Mondragón* (Azurmendi, 1984), en la transformación de dichos valores (Azkarraga, 2007; Cheney, 2002) o en el debate generado por el cooperativismo entre los entornos nacionalistas vascos y de izquierdas (Kasmir, 1996).

En cuarto lugar, las cooperativas pueden acaso proporcionar una forma organizativa promovida y legitimizada por movimientos sociales (Soule 2012: 1717). Los movimientos sociales también pueden optar por "invertir" en cooperativas, es decir, en la movilización económica, donde se bloquea el acceso político o se rechazan los medios políticos, como ocurrió con los movimientos anticorporativos en los Estados Unidos a finales del s. XIX y comienzos del s. XX (Schneiberg et al. 2008). Aprovechando su trabajo de campo sobre una mina de propiedad cooperativa del sur de Gales (Tower Colliery), Arthur, Keenoy, Smith et al. (2004) opinan que las cooperativas de trabajo asociado, que son muy diferentes de las formas típicas de organización del trabajo, pueden ser consideradas como *movimientos sociales* que generan espacios sociales polémicos. Faulk (2008) ha estudiado el aumento del cooperativismo en Argentina mediante el análisis etnográfico del hotel Bauen, una cooperativa de trabajo asociado respaldada por un movimiento social que pretende deslegitimizar las concepciones culturales implícitas en el neoliberalismo. Asimismo, creo que la génesis y transformación del movimiento de las cooperativas de trabajo asociado del País Vasco francés proporciona un buen encuentro tanto de los debates sobre la economía política del regionalismo como de la dimensión política del cooperativismo.

2. Génesis: activismo territorial, crisis y oportunidades

2.1. Génesis militante

La nueva ola[156] de cooperativas de trabajo asociado vascofrancesas de las décadas de 1970 y 1980 originó una matriz de cinco dimensiones. Para empezar, en términos ideológicos, el concepto de la autogestión adquirió progresivamente una relevancia fundamental en la doctrina económica del movimiento *abertzale* (nacionalista vasco). Destaca especialmente el movimiento político *Enbata*, que, a comienzos de la década de 1970, había evolucionado –como lo había hecho su homólogo vasco-español– de un legado cristiano-demócrata a un nacionalismo de izquierdas (Jacob 1994). La segunda influencia provenía del movimiento francés de las cooperativas de trabajo asociado. El número de SCOP (estatuto jurídico francés para las cooperativas de trabajo asociado) aumentó en las décadas de 1970 y 1980, cuando la autogestión fue promovida por algunos sindicatos (CFDT[157]) y partidos de izquierdas (PSU[158], concretamente). En tercer lugar, estuvo la influencia indirecta de la religión, transmitida a través de una combinación de referencias doctrinales al catolicismo social (cuando se promovió el modelo cooperativo como solución alternativa a medio camino entre el socialismo y el capitalismo), la cultura (una forma tradicional de desconfianza hacia el Estado y una inclinación hacia el autogobierno y la autogestión) y las instituciones (el papel de los colegios religiosos y de la Acción Católica en la difusión de la idea de la cooperativa en las décadas de 1960 y 1970). El cuarto factor lo constituyeron las predisposiciones culturales hacia la cooperación heredadas de los sistemas de reciprocidad habituales. A este respecto, los fundadores de las primeras cooperativas de trabajo asociado a los que entrevistamos se referían repetidamente a sus orígenes agrícolas y establecían un paralelismo entre las instituciones consuetudinarias de ayuda mutua entre vecinos (*auzolan*), el uso de tierras comunes y la dimensión colectiva del cooperativismo; y el régimen consuetudinario y la transmisión de granjas y acciones indivisibles en la empresa cooperativa[159]. Aunque parcialmente idealizada, esta referencia desempeñó un papel importante a la hora de orientar a estos activistas hacia la cooperativa como modelo organizativo. El quinto factor, un factor crucial, fue la influencia transfronteriza de la experiencia cooperativa vascoespañola de *Mondragón*.

2.2. Lecciones aprendidas del País Vasco peninsular

Las lecciones aprendidas de *Mondragón* fueron esenciales para crear la primera SCOP en el País Vasco francés, que, al principio, se especializó en dos sectores principales: equipos eléctricos y mobiliario. *Copelec*, una cooperativa de cableado eléctrico fundada en 1975, fue la primera prolongación concreta de *Partzuer*, una asociación creada en 1974 para promover las cooperativas. Asimismo, *Alki*, una fábrica de muebles, fue creada en 1982 por cuatro jóvenes vascofranceses a su regreso de una larga estancia en las cooperativas de *Mondragón* a finales de la década de 1970.

La trayectoria de uno de los miembros fundadores de *Alki* es muy significativa con relación a la doble socialización –cooperativa *y* política– recibida por los vascofranceses en *Mondragón*. Después de graduarse en ingeniería mecánica en Burdeos, P. U.[160] se puso en contacto con *Partzuer*, que lo envió a *Mondragón*. "El objetivo era llevarnos allí después de graduarnos en la universidad, conectar con el movimiento *abertzale* para que pudiéramos hacer algo aquí al regresar a casa".[161] El proceso de socialización fue progresivo: P. U. comenzó a trabajar día y noche como encargado de limpieza, en turnos de ocho horas. Permaneció seis meses en una fábrica antes de ocupar un puesto administrativo durante dos años y medio. Poco a poco se fue familiarizando con "el entorno de trabajo" pero también con la cultura local y el "entorno de una sociedad muy politizada".

"Todo se mezclaba", la socialización profesional y la formación en política en un país atrapado en la confusión de la transición democrática. P. U. pasó a ser miembro de la cooperativa de mobiliario que pertenecía al grupo *Ularcop* junto con otras ocho cooperativas, entre las que se incluía *Fagor electrodomésticos*, la impulsora de todo el movimiento cooperativo. Este joven vascofrancés también conoció los procesos de toma colectiva de decisiones a gran escala:

> "Se celebraba una gran reunión en la que todos debían pagar algo. Una aportación al capital de la empresa. Entre los 8.000 empleados de diferentes fábricas. Para todos o para nadie. Posteriormente, se votaba y eso era todo. Dábamos el equivalente al sueldo de dos meses. Eso era impresionante. Tal solidaridad entre todos los trabajadores de la fábrica. Nos ayudábamos entre nosotros, teníamos que poner dinero y todo el mundo estaba de acuerdo. Ocho mil personas, no simplemente ochenta. Esa era una fuerza poderosa para hacer frente al futuro".[162]

Lejos de ser solo una fuente de inspiración, Mondragón también se implicó directamente en el desarrollo posterior de las cooperativas vascofrancesas. La SCOP de muebles *Denek* ("todos juntos") fue creada en Saint-Martin d'Arrossa (Baja Navarra) en 1979. Hubo una gran solidaridad transfronteriza porque las cooperativas de *Mondragón* decidieron ayudar financieramente a *Denek* después de tomar la decisión en una asamblea general. *Caja Laboral*, la entidad bancaria de la cooperativa *Mondragón*, paso a ser socio financiero y *Mondragón* propuso los servicios de un especialista que se encargaría del desarrollo de las cooperativas en el País Vasco francés. Pero las transferencias de capital se vieron obstaculizadas debido a las restricciones políticas y administrativas.

En medio de las crecientes manifestaciones y protestas ciudadanas contra dichos obstáculos administrativos, la supervivencia de *Denek* pasó a ser una cuestión de interés público.

La idea de las líneas de producción complementarias dio lugar a la creación de muchas compañías subcontratistas. Como *Denek* tenía que importar sillas, cinco jóvenes emprendedores decidieron crear *Alki*, una cooperativa de mobiliario, en la localidad de Itxassou en 1982. Se realizó un estudio de mercado y se elaboró un plan financiero basándose en el modelo del banco de *Mondragón*. El movimiento SCOP francés respaldó el proyecto. *Alki* comenzó su producción con cuarenta trabajadores, un director y una junta de supervisión. Había muy poca cultura cooperativa y muy pocos conocimientos técnicos pero esas carencias se compensaban con un gran activismo, reforzado por la presencia de un refugiado político del País Vasco peninsular que había trabajado como ingeniero en *Mondragón*. Cada miembro de la cooperativa aportó 15.000 francos franceses de capital, una gran cantidad de dinero, especialmente para los jóvenes emprendedores-activistas:

> "Quizá no pensamos realmente mucho en todo el negocio desde el principio. Estábamos deseando realmente hacer algo que tuviera sus frutos. Había una especie de entusiasmo inocente. Posteriormente, recibimos ayuda, se concretó algo para respaldarnos. Había ese ambiente. Las cosas empezaron a moverse en todas las direcciones. Estábamos metidos en el movimiento. Y también hubo apoyo técnico. Solos, no hubiéramos podido hacer nada. En nuestro grupo, nadie había hecho nunca ninguna silla. Sabíamos poco de carpintería. Solo había estado un año en *Denek*. No sabíamos nada sobre producción o venta. Todo debía empezar desde cero. (...) Éramos casi cuarenta al principio. Debido al modelo de producción de *Mondragón*. Luego nos dimos

> cuenta de que éramos demasiados. ¡Cuarenta personas y nadie sabía hacer una silla! (...) Los jóvenes de la zona esperaban mucho de nosotros. Pero tuvimos que explicar que debían pagar para trabajar. Eso fue bastante revolucionario. Sí, porque la fábrica pertenecía a cada uno de nosotros".[163]

2.3. Un proceso de integración fallido

No obstante, el modelo de *Mondragón* suponía un proceso de integración entre las cooperativas. En efecto, las cooperativas vascofrancesas, inspirándose en el modelo de *Mondragón*, crearon *Lana* como organismo de coordinación en 1982. A pesar de su fracaso final, *Lana* fue el ejemplo perfecto del sistema de valores en el que se basaba el movimiento cooperativo vascofrancés. A los ojos de sus promotores, el movimiento cooperativo fue, ante todo, un movimiento social, tal y como se ilustra en los estatutos de *Lana*:

> "El objetivo ideal de las cooperativas vascas de producción pertenecientes a los trabajadores es transformar el mercado laboral de la región. Su objetivo a corto plazo es mejorar las condiciones de los trabajadores mediante la colaboración y el control de la gestión de las empresas. Como respuesta a las expectativas de los trabajadores, las cooperativas pretenden transferir los medios de producción e intercambio a los trabajadores para que puedan participar plenamente en el proceso de toma de decisiones que es esencial para el futuro de los productores. Así, pretenden demostrar la plena capacidad de los trabajadores para asuntos económicos y formarlos para sus futuras tareas. Se reúnen en una asociación llamada '*Lana*', cuyo objetivo es representar al *Movimiento Cooperativo Vasco* y ayudarlos a conseguir dicho objetivo, directa o indirectamente, gracias a sus propios servicios o a diferentes organizaciones, empresas, grupos o sindicatos de cooperativas y cooperativistas".[164]

Este objetivo político se vio reflejado en el trabajo realizado para crear un auténtico proceso de socialización cooperativa. Para ser socias de la asociación *Lana*, las SCOP debían cumplir los siguientes requisitos:

1) "Cada SCOP miembro debe poseer unos estatutos que sean acordes con los estatutos estándar establecidos por *Lana*, o que, según reconozca *Lana*, sean acordes con los principios cooperativos del movimiento cooperativo *Lana* y con la legislación vigente.
2) Cada SCOP miembro debe respetar los principios básicos del movimiento cooperativo *Lana*:
   - Todos los trabajadores son socios de la cooperativa y cada socio es un trabajador.
   - Creación de un fondo comunitario
   - Solidaridad externa con relación a salarios (los salarios medios de la SCOP deben ser iguales a los salarios medios de la zona de influencia de *Lana*)
   - Solidaridad interna con relación a los salarios (los salarios van de 1 a 3)
   - Reinversión sistemática de los beneficios generados por los empleados
   - Compromiso de respetar todas las normas establecidas en el reglamento y en la normativa de *Lana*
   - Cada SCOP debe estar representada por dos miembros activos de *Lana*, como mínimo".[165]

Esta dimensión de movimiento social también podía apreciarse entre las experiencias cooperativas que añadían nuevas inquietudes sociales –como el ecologismo– a la motivación territorial. La génesis de *Loreki* siguió esta lógica. Fundada en julio de 1985 en Itxassou (*Labort*

(*Lapurdi* en euskera)), esta SCOP fue creada *ex nihilo* por cuatro jóvenes activistas tras un estudio de viabilidad de dos años de duración que fue realizado por la asociación *Ekhindar* ("energía solar"). Su idea era explotar los recursos orgánicos y, de este modo, crear empleo local. La asociación estaba compuesta por cuarenta miembros, todos ellos procedentes del País Vasco francés y que eran vendedores o ingenieros plenamente cualificados. Un grupo se especializó en energías renovables mientras que otro se centró en el uso potencial de los residuos reciclados en agricultura. Gracias a los 390.000 francos de subvenciones y a los 10.000 francos de autofinanciación, la asociación contrató en 1984 a tres empleados a tiempo completo cuya tarea era llevar a cabo un estudio de viabilidad. La empresa no solo recibió ayuda de *Herrikoa* ("de la gente, para la gente"), una empresa local de capital riesgo creada en 1980 por, esencialmente, el movimiento *abertzale*, sino también de las autoridades locales, departamentales y regionales, así como el Ministerio de Medio Ambiente. También se invitó a la ciudadanía a participar en el plan financiero de la empresa. De hecho, se recaudaron unos préstamos promisorios por valor de entre 40.000 y 50.000 francos en un festival anual, *Lapurtarren biltzarra* ("reunión de las gentes de *Labort*"). Los asuntos industriales fueron politizados y transformados en asuntos colectivos y públicos.

La mayoría de SCOP locales fueron creadas *ex nihilo*. Esto, añadido a la matriz ideológica, podría explicar por qué los sindicatos desempeñaron un papel relativamente menor en el movimiento cooperativo vasco en comparación con lo que ocurrió en la región de Bearne del departamento. Sin embargo, la misma lógica activista pudo observarse en las pocas cooperativas (como esta SCOP de equipos eléctricos de Hasparren) que surgieron de la adquisición de una empresa en dificultades. Sus miembros fundadores claramente se definían como "activistas" y utilizaban la condición de cooperativa para poder "vivir y trabajar aquí, en nuestro país".[166]

Las campañas de recaudación de fondos, la fuerte presencia de los refugiados políticos del País Vasco español en las SCOP vascofrancesas, manifestaciones públicas, discurso nacionalista: la fundación de las cooperativas estuvo inherentemente politizada. Los límites difuminados entre la acción pública y la acción privada ilustraban un triple movimiento de protesta que participaba en campañas contra los modelos de gestión empresarial convencionales, contra la apatía de las autoridades nacionales y locales en torno al desarrollo económico local, pero también contra un movimiento vasco considerado demasiado culturalista y centrado exclusivamente en reivindicaciones institucionales. En la mente de los padres fundadores del movimiento cooperativo, la identidad territorial era percibida como un recurso para el desarrollo económico, que consiguientemente cuestionaba el mero uso simbólico de la imagen vasca para el marketing territorial (Lougarot, 2005).

2.4. Variedades de cooperativismo

Sin embargo, el modelo activista no se aplicó unánime ni unívocamente a todas las SCOP vascas. La democracia interna extensiva a veces era percibida como un obstáculo para la gestión de la empresa, como puede observarse en una cooperativa de la provincia de Sola especializada en la fabricación de marcos de acero, que fue creada en 1983 por cinco empleados que habían adquirido una empresa liquidada. Se consideraban una cooperativa un tanto atípica, con un número de socios bastante bajo (el 20% aprox.) en el momento de la investigación (2004-5). Sus directivos fundadores consideraban toda democracia interna y participación ampliada como una amenaza permanente:

> "Muchas SCOP se hundieron debido a problemas internos. Se saldaron cuentas pendientes. Algunos fueron despedidos. Algunos miembros tienen esta idea muy metida en su cabeza.

> Piensan que si contratan a nuevos empleados y hay problemas algún día, podrían ser despedidos".[167]

Asimismo, en varias SCOP pequeñas, de más reciente creación, las referencias ideológicas eran más difusas. En algunos casos, la condición de SCOP era incluso una elección puramente práctica, debido principalmente a la exención tributaria concedida a dichas empresas. Los vínculos con el territorio también podían ser esencialmente funcionales e instrumentales. No se debería pasar por alto la dimensión pragmática del movimiento cooperativo como solución a las crisis que tuvieron lugar en las décadas de 1970 y 1980. No obstante, hay otros ejemplos que reflejan que se mantuvieron las referencias a los valores vinculados al movimiento cooperativo, pero de una manera un tanto confusa o difusa. Varias SCOP fueron creadas por los promotores de cooperativas más antiguas y más grandes, fundadas por ideología que, sin embargo, habían quebrado, como es el caso de una empresa de ingeniería informática creada en 1991 por antiguos empleados de una cooperativa de mayor tamaño, en la que las referencias a la "tutela de *Mondragón*", "el espíritu de colaboración" y el "deseo de vivir y trabajar en el País Vasco"[168] se mezclaban con consideraciones fiscales y financieras más pragmáticas.

3. ¿Un nuevo conjunto de referencias? Cooperativas, mercados y una nueva gobernanza territorial.

La matriz de valores analizada anteriormente podría utilizarse acertadamente para describir la aparición y el desarrollo inicial del movimiento cooperativo vascofrancés. Ayuda a explicar la importancia del movimiento cooperativo vasco a nivel regional de Aquitania[169]. Pero un enfoque cultural y/o ideológico no explica completamente el segundo periodo de la historia del movimiento, cuando las cooperativas se enfrentaron a los cambios en el mercado y en su entorno sociopolítico. Después de las décadas de 1970 y 1980 tan ideológicas llegó un periodo en el que las cooperativas de trabajo asociado cuestionaban sus principios utópicos fundacionales. Desaparecieron las referencias religiosas, a excepción de una referencia implícita a una ética del trabajo y a la idea de compartir. La profesión de fe nacionalista/regionalista inicial de los directivos de las cooperativas fue sustituida progresivamente por un sentimiento más pluralista de la pertenencia al territorio, una forma de adhesión a *algunos* de sus rasgos específicos –notablemente, la lengua vasca–, y una postura crítica sobre las movilizaciones basadas en la identidad que habían descuidado la dimensión económica.

3.1. Valores puestos a prueba por los mercados

Las restricciones económicas surgidas debido a nuevas circunstancias seccionales y a mercados globalizados tuvieron una gran repercusión en las cooperativas y pudieron debilitar su modelo de desarrollo territorial. Concretamente, este fue el caso de las cooperativas que estaban plenamente integradas en sectores de producción muy competitivos. Las cooperativas, aquí y en otros lugares, estaban simultáneamente "traspasando la división entre la participación de los trabajadores en el accionariado y el control y funcionamiento en un marco dominado por las relaciones de mercado capitalistas" (Arthur et al. 2004: pág. 1). Desde la década de 1980, la crisis económica pronto intensificó la competencia entre cooperativas que operaban en los mismos sectores de actividad.

La crisis que afectó al mercado a comienzos de la década de 1980 tensó la relación de colaboración entre *Alki* y *Denek*, que, de otro modo, habría allanado el camino para un proceso de integración en el movimiento cooperativo. La mitad de la producción de *Alki* fue vendida inicialmente a *Denek*. Pero las dos fábricas adoptaron progresivamente estrategias divergentes. *Alki* empezó a buscar nuevos puntos de venta y a impulsar sus actividades comerciales. Se tomaron nuevas decisiones de gestión para ajustar la jornada laboral a los requisitos de producción y a los costes. Los trabajadores de *Alki* decidieron trabajar horas extra sin cobrar por ello. También había que aumentar el capital y, en 1983, se duplicó el desembolso individual inicial, lo que conllevó la salida de unos diez miembros. El destino de *Alki* adquirió una dimensión pública más amplia. En 1984, *Herrikoa* lanzó una campaña para recaudar fondos en todo el País Vasco. La ciudadanía aportó un total de 1.300.000 francos y la mitad de la suma fue destinada a *Alki*, que también recibió la ayuda económica de bancos convencionales. En cambio, la situación de *Denek* empeoró debido a la crisis y debido a que no se tomaron a tiempo las decisiones de gestión necesarias. No bastó con formar a los activistas cooperativos. También hacían falta empresarios profesionales. La colaboración entre *Alki* y *Denek* se convirtió rápidamente en competencia.

La quiebra de *Denek* en 1985 constituyó un símbolo que afectó a todo el movimiento cooperativo y se pusieron en entredicho los objetivos utópicos iniciales. De las tres SCOP creadas respectivamente en las provincias de Labort (*Alki*), Baja Navarra (*Denek*) y Sola (*Orhi*), solo una sobrevivió. *Alki* se recuperó satisfactoriamente de la crisis. Su situación financiera, en déficit hasta 1985-86, mejoró significativamente después de 1987[170]. Sin embargo, la quiebra de *Denek* propició el final de *Lana* como experiencia de cooperación entre las cooperativas que se había creado originariamente a partir de la asociación *Alki-Denek*.

Ya no había una empresa emblemática que pudiera actuar como motor del movimiento. Se produjo el mismo fenómeno en la década de 1990 con *SEI*, una empresa de servicios y mantenimiento informáticos. *SEI*, líder en Aquitania, representaba a esta nueva generación de empresas de alta tecnología, a diferencia de las actividades más tradicionales de las pequeñas SCOP. *SEI* se creó inicialmente como una sociedad anónima en 1976 y se convirtió en cooperativa en la década de 1980. Tras su éxito inicial, esta empresa de rápido crecimiento tuvo que declararse en quiebra en 1993, lo cual fue un duro golpe para todo el movimiento cooperativo de la región (Larralde, 2007)[171]. Posteriormente, hubo nuevos intentos de cooperación entre las cooperativas, pero de manera muy diferente al modelo de *Lana*, especialmente con *Obeki*, una asociación formada por antiguos trabajadores de *SEI* para reforzar la formación de los cooperadores. Asimismo, tras la quiebra de *Denek*, la colaboración con *Mondragón* disminuyó en el País Vasco francés durante la grave crisis que afectó a la corporación cooperativa vascoespañola en 1990 y 1991. Las diferentes SCOP tuvieron que adaptarse a los cambios en el mercado, concretamente empezando a subcontratar su producción.

La influencia local de estas tendencias globales puede observarse en el caso de *O.*[172], una fábrica de fundición y moldeo industriales, que fue creada en *Labort* en 1980 por un directivo de empresa por cuenta propia. Esta empresa, que se especializó primeramente en ingeniería mecánica de alta precisión y posteriormente en fabricación de moldes termoplásticos por inyección, se convirtió en cooperativa de trabajo asociado en 1984. Esta cooperativa recibió la influencia de la ideología de la autogestión y del nacionalismo vasco. El plan industrial de *O.* fue concebido en la perspectiva política más amplia del desarrollo económico del entorno rural vasco mediante la industrialización, en estrecha colaboración con el País Vasco español. Se contrató a tres ingenieros cualificados, que habían huido del País Vasco español por motivos políticos. La crisis económica de mediados de la década de 1990 llevó a tomar decisiones en torno a la simplificación o racionalización. En efecto, *O.* dependía mucho del mercado español y fue afectada directamente por la devaluación del 30% de la *peseta* en 1992, lo que llevó a una mayor inflación en

España. La empresa ya no era competitiva. Sus precios eran un 30% más elevados. Entonces, decidió buscar nuevos puntos de venta, especialmente en África occidental, con la ayuda de Total. En 1998, el grupo Maier, filial de *Mondragón* con sede central en Gernika, hizo un primer pedido. Los contactos comerciales se vieron facilitados por la presencia de un joven ingeniero vascofrancés en Gernika. La confianza basada en el intercambio de información y el cálculo se sumó a la confianza basada en unos valores e identidad compartidos (Harrisson, 2003). En 2003-04, alrededor del 45% del volumen de negocio de *O.* se generó a través de Maier. En un mercado globalizado, *O.* se planteó ampliar sus actividades comerciales en Argelia, aunque se negó a externalizar su unidad de producción. La especialización del producto pasó a ser la condición necesaria para diversificar su mercado local y trabajar a nivel nacional en Francia y en España. Las restricciones internacionales también cuestionaron la validez de la fórmula cooperativa, especialmente en lo que concernía a la externalización del proceso productivo[173]. El director de *O.* entonces tuvo que hacer frente a debates internos sobre el modelo cooperativo. Mientras las dificultades generadas por el proceso colectivo de toma de decisiones solían instar a algunas SCOP a recurrir a técnicas de gestión tradicionales (Huntzinger, 1994), aquí fue más bien la falta de participación de los trabajadores en la toma de decisiones y la aparición de una "mentalidad sindical"[174] lo que deploró el director de *O.* En medio de las crecientes dificultades económicas, *O.* entonces intentó reactivar la dimensión política y territorial del proyecto cooperativo emitiendo acciones en 2004. Con ello, *O.* quería hacer partícipe a la comunidad local en este proyecto, girando así el destino de la empresa hacia un asunto de interés público, tal y como habían hecho las cooperativas pioneras en la década de 1980.

3.2. Cooperativas y nueva gobernanza territorial: de la alternativa a la asociación

Simultáneamente, las relaciones entre el movimiento cooperativo y los responsables políticos territoriales experimentaron un profundo cambio. En la década de 1970, las cooperativas de trabajo asociado vascas reivindicaban que podían ofrecer una alternativa a la supuesta apatía de las autoridades nacionales y locales en materia de desarrollo local. Pero esta lógica de la *protesta* parece haber dado paso progresivamente a un modelo de *asociación*. Este cambio surgió de la conjunción de tres factores.

En primer lugar, los cambios en la regulación legal francesa de la economía social brindaron nuevas oportunidades a las cooperativas después de varias décadas de desaceleración. El movimiento cooperativo vasco se había beneficiado inicialmente de las políticas estatales en favor de las cooperativas de trabajo asociado iniciadas a finales de la década de 1970. La Ley de 19 de julio de 1978 relativa a las SCOP facilitaba especialmente la creación de cooperativas de trabajo asociado reduciendo la cantidad mínima necesaria de capital y el número mínimo de miembros (de 7 a 2). Sin embargo, en la siguiente década, el apoyo de la ciudadanía a la economía social dio un giro y dejó atrás la cooperativa para defender al sector asociativo. Mientras la condición de cooperativa había sido considerada hasta entonces como una herramienta fundamental para combatir *tanto* el desempleo *como* la exclusión social, los responsables políticos a nivel estatal pronto se dieron cuenta de que promover el espíritu competitivo en las empresas resultaba difícil de conciliar con el empleo de personal no cualificado. Por tanto, los trabajadores no cualificados iban a ser atendidos por nuevos organismos *asociativos* que habían surgido en el campo de la integración social (Demoustier, 2001). En el País Vasco francés, la desaceleración en la creación de cooperativas en la década de 1990 vino acompañada por la creación de un número significativo de asociaciones en el ámbito de la integración social, pero también en sectores culturales, medioambientales y socioeducativos. Pero, en la década de 2000, hubo un renovado interés por la fórmula cooperativa en las asociaciones que buscaban un estatus o condición que se adaptara mejor a sus actividades profesionales. Nuevas oportunidades legales, especialmente la SCIC[175], creada en 2001 (Ley 2001-624) inspirándose en el modelo de las cooperativas sociales italianas, permitieron crear asociaciones intersectoriales con múltiples accionistas entre empresas cooperativas y socios públicos y privados, sin limitarse a la integración social. Agentes de la economía social vasca, como el canal de TV asociativo Aldudarrak Bideo de Baja Navarra o una empresa de horticultura de Labort, apoyaron esta nueva condición de cooperativa para institucionalizar su colaboración con las autoridades locales.

En segundo lugar, las cooperativas se implicaron en la nueva gobernanza territorial a múltiples niveles del País Vasco, que ahora estaba más abierto a las colaboraciones entre la sociedad civil y los responsables políticos. Desde finales de la década de 1980, el País Vasco francés experimentó una nueva forma de gobernanza basada en un modelo participativo de múltiples secciones que incluye al Estado, las autoridades locales, los agentes socioeconómicos y los movimientos sociales (Chaussier, 2002; Ahedo, 2005). Eso llevó a la creación de instituciones territoriales innovadoras, como el Instituto Cultural Vasco en 1990, el Consejo para el Desarrollo y el Consejo de Representantes Electos del País Vasco en 1994-1995, y la Oficina Pública de la Lengua Vasca en 2005. Aunque estas instituciones inicialmente fueron percibidas por algunos académicos como una "descentralización cosmética" (Mansvelt Beck, 2005: 37), como una forma de institucionalización privada en compensación por la negación del Estado a crear un *département* vasco (Letamendia, 1997: 39), o como un proceso de despolitización mediante una planificación territorial más técnica (Ségas, 2004), tuvieron, no obstante, una repercusión real en las políticas. El trabajo especializado llevado a cabo por el Consejo para el Desarrollo se materializó en medidas concretas como contratos territoriales en 1997, 2000 y 2008 que implicaban al Estado, el Consejo Regional, las autoridades del *Département* y los ayuntamientos. Aunque las cooperativas no intervinieron abiertamente en la creación de estos órganos, líderes del movimiento cooperativo jugaron un papel clave en este proceso de institucionalización territorial. Tanto el primer presidente como el director ejecutivo del primer Consejo para el Desarrollo del País Vasco fueron figuras destacadas del movimiento cooperativo. Actuaron como intermediarios entre las administraciones públicas, el mundo corporativo, la economía social y los movimientos sociales, en un contexto de intensa, y a veces violenta, politización de la identidad territorial. Por tanto, pudieron adquirir cierta legitimidad en la esfera pública y dar forma al conjunto de referencias en las que se apoyaban las nuevas políticas territoriales. Las cooperativas de trabajo asociado también estaban representadas en el Consejo para el Desarrollo, para así representar mejor a la sociedad civil en la planificación del desarrollo local. En efecto, la supremacía ideológica local de los nacionalistas vascos en la economía social fue cuestionada en la década de 2000, especialmente por partidos y grupos ecologistas (Jérôme, 2010). El cooperativismo, que en su momento fue considerado aquí por algunos ideólogos de izquierdas como cierta forma de concesión al capitalismo con un toque de nacionalismo vasco, fue, por tanto, rejuvenecido y aprovechado por nuevos agentes territoriales con un trasfondo ideológico pluralista.

El tercer factor favorable fue la creciente institucionalización de las relaciones transfronterizas, que comenzaron en las décadas de 1990 y 2000. La integración europea dio un nuevo impulso a esta tendencia. El movimiento cooperativo, junto con otros agentes, aprovechó las oportunidades ofrecidas por la UE para desarrollar nuevas asociaciones transnacionales. En la zona fronteriza vasca, las redes de activistas culturales y socioeconómicos que había en la época adoptaron una dimensión más institucional (Ahedo, Etxeberria, Letamendia, 2004) (Letamendia, 1997). Más allá de sus relaciones puramente comerciales, los agentes del movimiento cooperativo vascofrancés aprovecharon al máximo estas nuevas oportunidades para dar un nuevo impulso, bajo un modelo más institucionalizado, a la antigua asociación transfronteriza con las redes cooperativas vascoespañolas. Como prolongación directa del movimiento cooperativo, la asociación *Hezkuntek*[176], fundada en 2003, ilustra la relación entre una identidad vasca compartida, las consideraciones económicas y la colaboración transfronteriza. En consonancia con los principios utópicos iniciales del movimiento cooperativo vasco, el objetivo de *Hezkuntek* era "promover el desarrollo industrial en Labort, Baja Navarra y Sola mediante el fomento de la formación profesional y técnica en la población vascoparlante"[177]. La idea principal era promover la formación profesional *en la lengua vasca*, que era una manera de que los promotores del programa demostraran la funcionalidad económica de las lenguas minoritarias y mejoraran la imagen de la formación profesional. En 2003, *Hezkuntek* recibió ayuda financiera de *Udalbiltza*, una asociación transfronteriza de representantes locales electos, y, en 2006, *Hezkuntek* firmó un convenio con el Gobierno Vasco para facilitar el acceso a programas de formación profesional de Euskadi a estudiantes vascofranceses. El programa fue promovido por las SCOP y por varios institutos de enseñanza del lado francés, y por *Mondragón*, en España. De manera considerable, se dio un nuevo énfasis al papel de la lengua vasca en el resurgimiento de las relaciones transfronterizas entre las cooperativas vascas del lado francés y del lado español. Uno de los objetivos de *Hezkuntek* era luchar contra la imagen negativa asociada a la funcionalidad no económica de las lenguas minoritarias (Keating, 1998: 155) (Williams, 1997: 129), insistiendo principalmente en la relevancia del euskera para las relaciones transfronterizas. Algunos programas europeos como INTERREG también contribuyeron a reforzar los vínculos transfronterizos (Harguindéguy, 2007) y, finalmente, el movimiento cooperativo propiamente dicho [178] (Itçaina y Manterola 2013). Y el movimiento social vasco también empleó nuevos instrumentos políticos europeos que estaban específicamente destinados tanto a la colaboración trasnacional como al sector cooperativo. En 2009, la institucionalización de las relaciones transfronterizas por lo que respecta a la enseñanza de la lengua vasca alcanzó una nueva fase con la constitución de una Sociedad Cooperativa Europea que asociaba a federaciones de escuelas en lengua vasca, las *ikastolak*, del lado francés y del lado español. La constitución de esta cooperativa fue la culminación de un proceso que se inició en 1993 con la transformación de la Confederación de *ikastolak* del País Vasco en una Agrupación Europea de Interés Económico (EEIG, por sus siglas en inglés). Posteriormente, se empleó el marco europeo para consolidar un tipo de organización cooperativa a nivel territorial (Itçaina y Errotabehere 2018).

4. Conclusión

En términos cuantitativos, el modelo organizativo de las cooperativas de producción permaneció relativamente limitado en la economía local vascofrancesa. Dicho esto, los 524 empleos generados por las 31 SCOP vascofrancesas (en 2017) son un logro destacable en la región de Aquitania. Al parecer, la difusión del modelo cooperativo no puede compararse con el tan citado ejemplo del modelo de crecimiento de *Mondragón* (73.635 empleados en 2016[179]). En el País Vasco español, la concentración del poder en una "democracia racional", la prioridad concedida a un modelo colectivo sostenible, la importancia de la parte social exigida a cada nuevo miembro, y la integración de las cooperativas han contribuido a convertir a

Mondragón en una fuente de inspiración más que en un modelo empresarial para los vascofranceses. Desde la década de 1990, el reto al que se han enfrentado los miembros de la cooperativa *Mondragón* ha sido el de conciliar sus fuertes vínculos regionales y valores cooperativos con las restricciones inherentes a su desarrollo internacional (Clamp, 2000; Cheney, 2002). En el País Vasco francés, el reto para los cooperantes ha sido, más modestamente, el de promover una percepción alternativa del desarrollo económico mediante varios ejemplos empresariales originales. Pueden ser económicamente insignificantes pero son muy relevantes de cara a la movilización territorial.

Aunque la investigación se ha centrado originariamente en los sistemas de producción, el trabajo investigador futuro debe marcarse como finalidad explicar la aparición de procesos vinculados al mercado y el comportamiento del consumidor, dos dominios en los que deberíamos incorporar enfoques culturales y políticos de la economía (Di Maggio 1994). ¿Qué queda de las especificidades de las cooperativas vascas a la hora de abordar la competencia del mercado? ¿En qué medida los consumidores están influenciados, a la hora de elegir, por el origen cooperativo y/o territorial de los productos o servicios que adquieren y usan? ¿Las autoridades públicas facilitan, ignoran o dificultan dichas evoluciones? El movimiento vascofrancés de cooperativas de trabajo asociado ha estado dominado durante mucho tiempo por una perspectiva "orientada a la producción": lo que se consideraba 'político' era el *proceso* cooperativo de la producción, y no necesariamente su resultado. En la década de 2000, surgieron nuevas formas de consumismo político en la sociedad vasca, como en otras (Soule 2012: 1717), especialmente con la aparición de las redes de consumidores que apoyaban a pequeños agricultores locales, concretamente a través de un organismo alternativo, la Cámara Vasca de Agricultura Euskal Herriko Laborantxa Ganbara (Lopepe y Rivière 2010; Itçaina 2011), el desarrollo de circuitos alimentarios cortos (Itçaina y Gómez 2015), o el lanzamiento de la moneda social *Eusko* en 2013 (Camino 2013). Una observación más detallada detectaría si el movimiento cooperativo de trabajo asociado se unirá a esta nueva politización del consumismo, la integrará, o la ignorará. Además, el trabajo investigador debería prestar atención a las redefiniciones territoriales provocadas por la estructuración, en 2009-2013, de un polo territorial de economía social (PTCE – *Pôle Territorial de Coopération Economique Sud Aquitaine* – Polo Territorial de Cooperación Económica del Sur de Aquitania). Este Polo, ubicado en Tarnos, en el sur del *département* de las Landas, integra a varios agentes de la economía social aquitana y vasca y promueve nuevas alianzas territoriales entre operadores de la economía social regional (Demoustier y Itçaina 2018). Por último, el caso vasco se beneficiaría mucho de una comparación fructífera con otros ejemplos significativos tomados de la economía política en las nuevas movilizaciones territoriales subestatales europeas y extraeuropeas.

Agradecimientos

Este capítulo se basa en material empírico recopilado en varios programas de investigación de Sciences Po Bordeaux – Región de Aquitania (*Gouvernance locale et développement économique territorial*, 2004-2007; *Vers une gouvernance transfrontalière en réseau? Expériences transfrontalières d'économie sociale au Pays basque et en Irlande, 2010-2014; ESSAQUI-Institutionnalisations en miroir de l'économie sociale et solidaire en Aquitaine* - 2015-2019). El autor desea agradecer a Aitor Bengoetxea y GEZKI su invitación, a Esteban Etxeberria por su ayuda en la traducción del presente capítulo, y a Andy Smith por sus comentarios.

Bibliografía

Ahedo I (2005), Nationalism in the French Basque Country. *Regional and Federal Studies* 15(1): 75-91.

Ahedo I, Etxeberria N y Letamendia F (2004), *Redes transfronterizas intervascas.* Bilbao: Universidad del País Vasco.

Arthur L, Keenoy T, Smith R, Scott Cato M y Anthony P (2004), Cooperative production – a contentious space? *Ponencia para la 22ª Conferencia Anual Internacional sobre el Proceso Laboral celebrada en Amsterdam* el 5-7 de abril.

Azkarraga Etxegibel J (2007), *Nor bere patroi. Arrasateko kooperatibistak aro globalaren aurrean.* Vitoria-Gasteiz: Eusko Jaurlaritza.

Azurmendi J (1984), *El hombre cooperativo. Pensamiento de Arizmendiarrieta.* Arantzazu: Lankide Aurrezkia, Editorial franciscana Arantzazu.

Bekemans L (1998), A European model for culture and economic development: reflections and perspectives. En: Kilday, A. (ed.), *Culture and Economic Development in the Regions of Europe.* Llangollen: Ectarc, págs.17-49.

Bray Z. (2006), Basque militant youths in France: new experiences of ethnonational identity in the European context. *Nationalism and Ethnic Politics* 12(3-4): 533-553.

Caillé A. (1990), Présentation : La socio-économie, une nouvelle discipline ? *Revue du MAUSS* 9 : 3-10.

Camino, X. (2013), *L'eusko. Une monnaie complémentaire en Pays basque, outil de relocalisation de l'économie*, Bordeaux : Mémoire IFAID Aquitaine.

Cassier B., Clerc J.-M., Demoustier D. y Rousselière D. (2003), *L'entreprise collective : unité et diversité de l'économie sociale et solidaire.*

Grenoble: ESEAC IEP de Grenoble, Rapport de recherche DIES-MiRe.

Chaussier J.-D. (2002), Le projet d'un département au Pays Basque : réalités autour d'un mythe local. En: Perrotin C, Chaussier J-D y Kerrouche E (dir.) *Pays Basque un département? Une revendication citoyenne dans un cadre républicain.* Anglet: Atlantica, págs. 11-62.

Cheney G (2002), *Values at Work: Employee Participation Meets Market Pressure at Mondragón* (2ª ed.). Ithaca: ILR Press/Cornell University Press.

Clamp C. A. (2000), The Internationalization of Mondragón. *Annals of Public and Cooperative Economics.* 71(4): 557-577.

Demoustier D (2001), *L'économie sociale et solidaire. S'associer pour entreprendre autrement.* París: Syros.

----------. (ed.) (2004), *Économie sociale et développement local.* Les cahiers de l'économie sociale 4, París: Institut de l'économie sociale, L'Harmattan.

Demoustier D. y X. Itçaina (2018), *Faire territoire par la coopération. L'expérience du Pôle Territorial de Coopération Economique Sud-Aquitaine*, Sarrant, La Librairie des Territoires (próxima publicación).

Di Maggio P (1994) Culture and economy. En: Smelser N and Swedberg R (eds.), *The Handbook of Economic Sociology.* Princeton: Princeton University Press, págs.27-57.

Faulk K A (2008), If they touch one of us, they touch all of us: cooperativism as a counterlogic to neoliberal capitalism. *Anthropological quarterly* 81(3): 579-614.

Fernández de Larrinoa K. (2009), "Pastoreo en Sola. De la trashumancia a los pastos de altitud y a las queserías en el fondo del valle", *Ager. Revista de desploblación y de desarrollo rural. Journal of depopulation and rural development studies*, 8: 25-43.

Fourquet F (1988), *Planification et développement local au Pays Basque.* Bayonne: Rapport final de recherche pour le Commissariat général au Plan, Ikerka.

George D A R (1997), Self-management and ideology. *Review of Political Economy* 9(1): 51-62.

Harguindéguy J-B (2007), Cross-border policy in Europe. Implementing INTERREG III-A France-Spain. *Regional and Federal Studies* 17(3): 317-334.

Harrisson D (2003), Les représentations de la confiance entre gestionnaires et représentants syndicaux. Une analyse qualitative. *Relations industrielles* 58(1) :109-134.

Huntzinger F (1994), Forces et faiblesses du mouvement SCOP dans la crise. *Revue d'études coopératives, mutualistes et associatives* 253-254 : 38-47.

Itçaina X (2009), La représentation agricole en débat : le cas du Pays Basque français. *Economie rurale* 312: 52-65.

----------. (2011), « Mobilisation territoriale autour d'un projet agricole en Pays Basque », en S. Béroud, N. Dompnier, D. Garibay (coord.), *L'Année sociale 2011*, París : Syllepses, págs. 175-189.

Itçaina X. y A. Gomez (2015), "Territorial identity and grassroot economic activism: the politicization of farmers' mobilizations in the French Basque Country", *Partecipazione e Conflitto*, 8(2): 478-503.

Itçaina X y Manterola J J (2013), Towards Cross-border Network Governance? The Social and Solidarity Economy and the Construction of a Cross-Border Territory in the Basque Country. En: Stoklosa K (ed.), *Living on the border. European Border Regions in Comparison.* Berlín: LIT (próxima publicación).

Itçaina X. y M. Errotabehere (2018), "The social economy in borderscapes: the changing cross-border dynamics of social economy in the Basque Country", en X. Itçaina y N. Richez-Battesti (eds.) (2018), *Social and solidarity-based economy and territory: from embeddedness to co-construction*, Bruxelles, Peter Lang, CIRIEC Series on Social and Public Economy (próxima publicación).

Jacob J E (1994), *Hills of conflict. Basque nationalism in France*. Reno: University of Nevada Press.

Jérôme V (2010), L'économie sociale et solidaire, une subversion institutionnelle et politique ? En: Itçaina X (ed.) *La politique du lien. Les nouvelles dynamiques territoriales de l'économie sociale et solidaire*. Rennes: Presses Universitaires de Rennes, págs. 149-164.

Kasmir S (1996), *The myth of Mondragón: cooperatives, politics and working-class life in a Basque town*. Albany: State University of New York Press.

Keating M (1998), *The new regionalism in Western Europe. Territorial restructuring and political change*. Cheltenham, Northampton: Edward Elgar.

Keating M, Loughlin J y Deschouwer K (2003), *Culture, Institutions and Economic Development. A Study of Eight European Regions*. Cheltenham, Northampton: Edward Elgar.

Larralde X. (2007), *Risque stratégique et entreprise coopérative : le cas de la société de services informatiques SEI*. Thèse en sciences économiques, Pessac: Université Montesquieu Bordeaux IV.

Laville J-L (2000), *L'économie sociale et solidaire en Europe*. París: CRIDA, Les notes de l'Institut Karl Polanyi.

Letamendia F (1997), Basque nationalism and cross-border co-operation between the Southern and Northern Basque countries. *Regional and federal studies* 7(2): 25-41.

Lopepe M. y R. Rivière (2010), *EHLG. Pièces à conviction*, Bayonne, Elkar.

Lougarot G (dir.) (2005), *Économie locale et identité culturelle. Retour sur image.* Anglet: Hemen.

Mansvelt Beck J (2005), *Territory and terror. Conflicting nationalism in the Basque Country.* Abingdon: Routledge.

Menzani T (2007), *La cooperazione in Emilia-Romana. Dalla Resistenza alla svolta degli anni settenta.* Bologna: Il Mulino.

Palard J (2009), *La Beauce inc. Capital social et capitalisme régional.* Montréal: Presses de l'Université de Montréal.

Richez-Battesti N., Defourny J. (2017), « Les coopératives », J. Defourny and M. Nyssens (eds.), *Economie sociale et solidaire. Socioéconomie du 3e secteur*, Louvain-la-Neuve, De Boeck : 74-116.

Schneiberg M, King M, Smith T (2008), Social movements and organizational form: cooperative alternatives to corporations in the American insurance, dairy, and grain industries. *American Sociological Review* (73): 635-667.

Ségas S (2004), *La grammaire du territoire : action publique de développement et lutte politique dans les "pays".* Thèse pour le doctorat en science politique, Pessac: Université de Bordeaux IV.

Smith A (2008), Territory and the regulation of industry: examples from Scotland and Aquitaine. *Regional and Federal Studies* 18(1): 37-53.

Soulet S A (2012), Social movements and markets, industries and firms. *Organization Studies* 33: 1715.

Syssner J (2009), Conceptualizations of culture and identity in regional politics. *Regional and Federal Studies* 19(3): 437-458.

The Guardian (2001), Basque Co-op Protects Itself With Buffer of Foreign Workers. 23 de octubre de 2001.

Williams C (1997), Territory, Identity and Language. En Keating M y Loughlin J (eds.) *The Political Economy of Regionalism.* London, Portland-OR: Frank Cass, págs.112-138.

Desnaturalización, transformación y regeneración en la economía social: Reflexiones desde la experiencia cooperativa de Mondragón en la era de globalización

Ignacio Bretos
Departamento de Dirección y Organización de Empresas,
Universidad de Zaragoza

Anjel Errasti
GEZKI
Gizarte Ekonomia eta Zuzenbide Kooperatiboaren Institutua
Instituto de Derecho Cooperativo y Economía Social
Universidad del País Vasco / Euskal Herriko Unibertsitatea[180]

Desnaturalización, transformación y regeneración en la economía social: Reflexiones desde la experiencia cooperativa de Mondragón en la era de globalización

La viabilidad de las cooperativas en un entorno capitalista ha sido un tema central de debate avanzado por el marxismo desde finales del siglo XIX. Sobre la discusión del poder emancipador de las cooperativas en la esfera de la producción, Marx argumentó que estas organizaciones pueden constituir una fuerza transformadora en tanto que reflejan las posibilidades estructurales de la producción social democrática. Sin embargo, también señaló las contradicciones a las que están sujetas estas organizaciones en tanto que deben florecer y desenvolverse en un sistema preeminentemente capitalista (Marx 1967).

La tradición marxista desplegó esta tesis en términos más pesimistas, sugiriendo que las cooperativas únicamente reproducen los defectos del modelo capitalista (Luxemburg 1900; Mandel 1975). De manera similar, socialistas fabianos como Sidney y Beatrice Webb (Webb and Webb 1914) sostenían que las cooperativas no son opciones viables a largo plazo, ya que tienden a colapsar como 'democracias de productores' y virar hacia 'asociaciones de capitalistas' en un proceso mediante el cual la participación de los trabajadores disminuye sensiblemente, el poder de decisión y control queda en manos de una oligarquía, la obtención de beneficios se convierte en un objetivo primordial, y el colectivo de socios es reemplazado paulatinamente a través de la contratación de trabajadores asalariados.

Estos trabajos dieron lugar al posterior desarrollo, fundamentalmente durante las décadas de 1970 y 1980, de la denominada 'teoría de la degeneración' (entre otros, Meister 1974; Ben-ner 1984; Miyazaki 1984), la cual sugiere que las cooperativas están inexorablemente destinadas a fracasar comercialmente o a degenerar en formas empresariales convencionales bajo modelos organizativos y prioridades similares a las de la empresa capitalista. No obstante, un grupo más reducido de trabajos académicos plantearon una alternativa a esta visión tan determinista y negativa sobre el ciclo de vida de las cooperativas, desarrollando la denominada 'teoría de la regeneración' (Batstone 1983; Rosner 1984; Stryjan 1994; Cornforth 1995), la cual sugiere que las cooperativas son capaces de mantener su naturaleza original a largo plazo, y que la degeneración puede ser una etapa temporal seguida por la dinamización de procesos de regeneración capaces de restaurar el funcionamiento democrático, participativo y social de estas organizaciones.

En las dos últimas décadas marcadas por la intensificación del proceso de globalización neoliberal, ha emergido un renovado debate en torno a la viabilidad de las cooperativas ante las nuevas condiciones impuestas por la globalización y su capacidad para retener sus prácticas y valores cooperativistas a la vez que mantienen su competitividad en los mercados y su eficiencia en términos económico-empresariales (Atzeni 2012; Bretos and Marcuello 2017). Como destacaban recientemente Storey et al. (2014), históricamente, la degeneración ha sido el prisma que ha dominado el análisis de las cooperativas y sigue mostrando signos de hegemonía científica (véase también Cornforth 1995 para una extensa crítica de la literatura sobre la degeneración cooperativa). En este sentido, diversos trabajos han incidido en las tendencias degenerativas experimentadas, en términos democráticos y participativos, por cooperativas que operan en mercados de gran dinamismo (Cathcart 2013, 2014; Paranque and Willmott 2014). Por el contrario, otros trabajos se han centrado en las posibilidades de las cooperativas para revitalizar la participación de los trabajadores en la empresa y hacer frente a las presiones gerencialistas y oligárquicas que pueden darse dentro de estas organizaciones (Hernandez 2006; Ng and Ng 2009; Storey, Basterretxea, and Salaman 2014; Jaumier 2017; Narvaiza et al. 2017). No obstante, estos estudios han estado generalmente limitados al análisis de pequeñas y medianas cooperativas que desarrollan su actividad exclusivamente a nivel doméstico.

Por tanto, si bien esta literatura ha proporcionado contribuciones esenciales, es evidente que nuestro conocimiento sobre las dinámicas degenerativas y regenerativas que tienen lugar en grandes cooperativas multinacionales es extremadamente limitado. Esta investigación es esencial teniendo en cuenta que las cooperativas están viéndose obligadas a desarrollar estrategias de internacionalización en aras de sobrevivir en sectores cada vez más competitivos y globalizados (McMurtry and Reed 2009; Bretos and Marcuello 2017). El conocido grupo cooperativo Mondragón conforma un fructífero terreno para estudiar estas cuestiones, en tanto que muchas de sus cooperativas industriales están organizadas como empresas multinacionales. En concreto, nuestro trabajo explora, por un lado, las tendencias degenerativas experimentadas por las cooperativas multinacionales de Mondragón a través del deterioro de la participación de los trabajadores en favor del mayor control gerencial, la redefinición de los valores cooperativos de acuerdo con los intereses de eficiencia económica y productividad, y el establecimiento de filiales capitalistas donde los trabajadores son asalariados.

Por otro lado, examinamos las estrategias de regeneración promovidas en estas cooperativas multinacionales, centrándonos principalmente en las iniciativas regenerativas orientadas a exportar el modelo cooperativo a las filiales capitalistas.

Para ello, este estudio se basa en trabajos empíricos recientes sobre el grupo Mondragón, así como en la propia investigación cualitativa llevada a cabo por los autores durante los últimos años en algunas de las cooperativas multinacionales más importantes del grupo, como Fagor Ederlan, Maier y Fagor Electrodomésticos. Dicha investigación cualitativa utiliza datos primarios y secundarios. Por un lado, los datos primarios se refieren a la realización de multitud de entrevistas en profundidad con altos cargos de la Corporación Mondragón y diferentes actores organizacionales tanto de las cooperativas matrices como de las filiales domésticas y extranjeras (por ejemplo, directivos, expatriados, socios, representantes sindicales, trabajadores asalariados y temporales, y representantes de los órganos de gobierno de las cooperativas). Por otro lado, los datos secundarios se obtuvieron a partir de diversa documentación interna proporcionada por Mondragón y las cooperativas (informes anuales, memorias de sostenibilidad y responsabilidad social, planes estratégicos, estatutos sociales, etc.) y de la información disponible públicamente, por ejemplo, en notas de prensa, revistas corporativas y documentos audiovisuales.

Tras esta introducción, el siguiente apartado muestra una fotografía actual del grupo Mondragón. El tercer apartado analiza las distintas tendencias degenerativas experimentadas por las cooperativas multinacionales de Mondragón, mientras que el cuarto apartado explora las estrategias de regeneración más relevantes puestas en marcha. Finalmente, el último apartado recoge las principales conclusiones del estudio y extrae algunas implicaciones esenciales para el desarrollo de la teoría organizacional de las cooperativas.

1. El sistema cooperativo de Mondragón: una visión general

Un aspecto clave sobre el que se erige el sistema regional de gobernanza del País Vasco es el 'asociacionismo' (Cooke, Uranga, and Etxebarria 1997), sostenido en una larga tradición de activismo obrero, democracia organizacional y participación en el ámbito laboral y comunitario (Caro-Baroja 1974). Hoy en día, este patrón histórico se refleja en la notable presencia de empresas participadas en la región vasca (Bretos and Morandeira 2016). La *Experiencia Cooperativa de Mondragón*, originada hace más de medio siglo en el País Vasco, es probablemente la mejor representación de este entorno institucional (Whyte and Whyte 1991; Kasmir 1996; Cheney 2002). Desde sus inicios, fue una experiencia anclada en las necesidades del entorno local, creándose en 1943 la actual Universidad de Mondragón, en 1956 la cooperativa industrial Ulgor (posteriormente Fagor Electrodomésticos), y en 1959 la entidad de crédito cooperativo Laboral Kutxa y el sistema de protección social Lagun Aro. Estas cuatro ramas enarbolaron el desarrollo de la comunidad, impulsaron cientos de cooperativas y consolidaron la, hoy denominada, Corporación Mondragón (Mondragon 2015). Inspiradas por la doctrina social católica del padre Arizmendiarrieta, estas cooperativas comenzaron como pequeñas organizaciones democráticas, con profundas raíces en el territorio y un poderoso sentido de comunidad, en torno al concepto *human community work*, basado en la noción de que todos los trabajadores eran socios y copropietarios de la empresa (Molina and Miguez 2008).

Sin embargo, la Experiencia Cooperativa de Mondragón ha experimentado una transformación extraordinaria durante las últimas décadas. Las presiones competitivas y económicas de la globalización han obligado a muchas de sus cooperativas industriales a perseguir una intensa estrategia de crecimiento, primero en el mercado doméstico, y desde principios de la década de 1990 también en los mercados internacionales. Actualmente, la Corporación Mondragón es el primer grupo empresarial del País Vasco y el décimo en el ranking de las empresas españolas. El grupo está configurado como una federación que emplea 74.335 personas en 261 organizaciones (de las cuales 101 son cooperativas) distribuidas en las áreas de industria, finanzas, conocimiento y distribución. El corazón industrial de Mondragón está compuesto por unas 25 cooperativas multinacionales que controlan cerca de 130 plantas productivas en el extranjero. Estas filiales emplean 11.796 personas, lo que representa cerca del 40% del empleo total de la división industrial de Mondragón. En cuanto a las ventas, más de un 70% corresponden a ventas internacionales (Mondragon 2016).

Esta transformación se refleja en la redefinición de la Experiencia Cooperativa de Mondragón bajo el concepto *humanity at work*, cuya nueva misión 'combina los objetivos centrales de una organización empresarial que compite en los mercados internacionales con la utilización de métodos democráticos en su organización societaria, la creación de empleo, la promoción humana y profesional de sus trabajadores y el compromiso de desarrollo con su entorno social' (Mondragon 2015, 21).

A pesar de ello, los valores y prácticas cooperativas siguen guiando el funcionamiento de las cooperativas matrices de Mondragón en el País Vasco. Como propietarios, los socios trabajadores participan en el reparto de beneficios y están involucrados en la toma de decisiones de diversas formas. Por un lado, participan en la Asamblea General bajo la regla "una persona/un voto" y pueden ser elegidos como miembros del Consejo Rector y del Consejo Social (Cheney 2005) (la estructura de gobierno de una cooperativa se representa en la Figura 2).

Figure 2: Governance structure of a first-tier cooperative

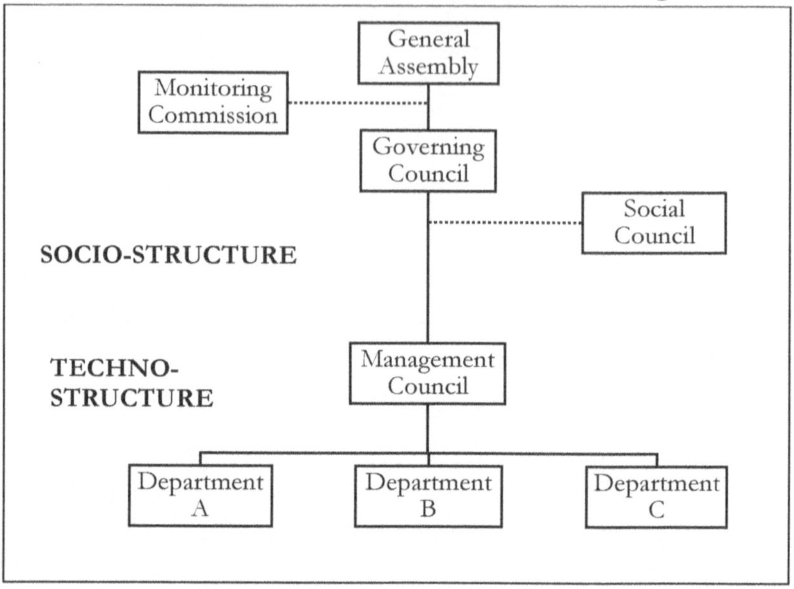

Source: adapted from Altuna, Loyola, and Pagalday (2013) and Whyte and Whyte (1991)

La Asamblea General es el órgano supremo de la cooperativa que expresa la voluntad social expresada por todos los socios. Está compuesto por todos los socios de la cooperativa y se reúne al menos una vez al año. Este órgano aprueba los planes estratégicos de la cooperativa y nombra al Consejo Rector, el Consejo Social y la Comisión de Vigilancia. El Consejo Rector es el órgano de representación y gobierno de la cooperativa, y sus miembros son elegidos en Asamblea General. Este órgano es responsable de gobernar y representar a la compañía, y sus decisiones están subordinadas a las políticas y estrategias fijadas por la Asamblea General. Supervisa la administración, nombra al gerente y supervisa su desempeño. La Comisión de Vigilancia cuyo propósito es dictaminar sobre el correcto cumplimiento de los aspectos contables y de aquellos otros que requieran su consideración. El Consejo Social cumple un papel similar al sindicato. Es un órgano consultivo que representa a los socios ante las instancias internas de la cooperativa. Tiene un papel consultivo y de comunicación social, y actúa como canal entre la gerencia y los trabajadores. Los miembros son elegidos por áreas de trabajo y son ratificados por la Asamblea General. Sus funciones son el asesoramiento laboral, la información, la negociación y el control social. Por último, el Consejo de Dirección es el órgano ejecutivo que gestiona la cooperativa. Está formado por los miembros directivos y el gerente, que es nombrado por el Consejo Rector y puede ser restituido por los socios (Altuna, Loyola, and Pagalday 2013; Whyte and Whyte, 1991).

Por otro lado, los trabajadores participan en el área de trabajo por medio de distintos mecanismos, como las reuniones conjuntas entre trabajadores y dirección. Igualmente, la promoción interna y la estabilidad laboral también son primordiales en Mondragón (Heras 2014). El despido de socios es extremadamente inusual y, cuando una planta ocasionalmente cierra, los socios son reubicados en otras cooperativas del grupo. Asimismo, las diferencias salariales en las cooperativas del grupo son notablemente reducidas, aunque han aumentado desde la escala original 1:3 a la actual 1:7 en algunos casos. Por último, cabe señalar que los socios reciben formación tanto en aspectos técnicos y de negocio como en la cultura y valores de la Experiencia Cooperativa de Mondragón (Basterretxea and Albizu 2011).

2. Transformación multinacional y presiones degenerativas

Aunque las cooperativas de Mondragón han estado sujetas desde sus inicios a demandas contradictorias entre las lógicas institucionales democráticas y de mercado, los cambios provocados por la creciente globalización y competencia en los mercados desde la década de 1980 han intensificado estas tensiones (Taylor 1994). La internacionalización es una clara consecuencia. Algunas cooperativas industriales de Mondragón se han visto obligadas a crecer internacionalmente desde principios de los 90 para seguir siendo competitivas y salvaguardar los empleos de los socios trabajadores en las plantas vascas.

La internacionalización y la competencia global han influido de varias maneras en la transformación de los valores y prácticas originales de estas cooperativas (véase también Bretos and Errasti 2017; Bretos, Errasti, and Marcuello 2017). Nuestra investigación identificó diversas dinámicas que afectan fundamentalmente a la gobernanza y a la naturaleza y alcance de la participación de los trabajadores en las cooperativas. En primer lugar, el mayor tamaño organizacional de las cooperativas, así como la mayor complejidad de las decisiones estratégicas que hay tomar al estar inmersos en dinámicas empresariales cambiantes y globales, han sido factores clave que han afectado a la participación de las personas. Diversos socios entrevistados reconocieron una cierta ritualización de las Asambleas Generales y otros espacios democráticos, señalando que se habían convertido en espacios simbólicos más que en estructuras donde la gente realmente participaba.

Asimismo, la intensificación de los requisitos de eficiencia económica, derivada de la competencia global y el crecimiento internacional, ha favorecido que la auto-gestión y participación se hayan visto desplazados en favor de tendencias oligárquicas y gerencialistas (Heras, 2014). Esta transformación ha sido impulsada por el mayor poder de control depositado en directivos que, a menudo, están más comprometidos con la eficiencia que con la cultura cooperativa, así como por un discurso gerencialista centrado en la competitividad que privilegia los intereses de rentabilidad y crecimiento (Taylor 1994; Heras and Basterretxea 2016).

Estos factores se reflejan en el hecho de que las cooperativas multinacionales de Mondragón han importado regímenes dominantes de gestión y productividad (Cheney 2005). Un ejemplo es la introducción de los círculos de calidad y otras técnicas articuladas bajo el paradigma de la Gestión de la Calidad Total, aspecto central alrededor del cual gira la cultura de las cooperativas de Mondragón (Heras 2014). Por ejemplo, a principios de la década de los 2000, muchas cooperativas introdujeron el sistema de las 'mini-compañías' con el objetivo de fomentar la eficiencia y la productividad a través de la mayor motivación de los trabajadores. Las mini-compañías son, en pocas palabras, una forma de estructurar la organización para que cada una de sus unidades funcione como una pequeña empresa autónoma en la cual los trabajadores toman decisiones y resuelven problemas relacionados con el área de trabajo en el mismo lugar donde tienen lugar. Como se observó en nuestra investigación, estos modelos de gestión han inculcado una cultura débil y superflua de autogestión, que promueve formas de participación controladas gerencialmente, limitadas a niveles bajos de decisión en el área de trabajo, y evaluadas en términos de motivación de los empleados y compromiso con los objetivos productivos marcados desde arriba (véase también Cheney 2002; Heras 2014; Bretos and Errasti 2017; Bretos et al. 2017).

Por otra parte, el propio modelo de internacionalización seguido por las cooperativas de Mondragón constituye una contradicción. Por un lado, la estrategia de internacionalización se ha basado en la denominada 'multilocalización' (Luzarraga 2008), esto es, una estrategia expansionista ya que la nueva actividad abierta en el exterior no implica el cierre de ninguna actividad preexistente en el mercado doméstico. No obstante, por otro lado, el crecimiento tanto a nivel doméstico como internacional se ha basado en el establecimiento de filiales no cooperativas (sociedades capitalistas) donde sus trabajadores son asalariados y, por tanto, no disfrutan de los mismos derechos que los socios cooperativistas de las matrices, es decir, no participan en la propiedad, reparto de beneficios y gestión de sus empresas (Bretos and Errasti 2017; Bretos et al. 2017). De hecho, aunque las cooperativas matrices han mantenido una elevada proporción de socios cooperativistas sobre empleados asalariados (alrededor del 80% empleo está conformado por el colectivo de socios), contando también el empleo de las filiales, esta proporción baja al 30%. En este sentido, entre 1991 y 2007, la proporción de empleo cooperativo en el conjunto del Grupo Mondragón disminuyó del 86% al 29,5% (Storey et al. 2014).

En términos generales, la multilocalización ha proporcionado resultados extraordinarios a las cooperativas de Mondragón, favoreciendo la creación de empleo tanto en el País Vasco como en el exterior, y dotándoles de flexibilidad para afrontar la recesión económica en mejores condiciones (Elortza, Alzola, and Lopez 2012; Luzarraga and Irizar 2012). Por ejemplo, el empleo aumentó en el Grupo Fagor Ederlan de 1.300 trabajadores en 1999 a 3.700 en 2015. En cambio, este patrón no fue tan evidente con la caída de Fagor Electrodomésticos, hecho de gran impacto económico, social y simbólico por ser el buque insignia del grupo Mondragón. La multilocalización brindó a Fagor resultados extraordinarios durante años. Sin embargo, si en 2007 el grupo contaba con 11.000 trabajadores, antes de su colapso en 2013 sólo quedaban 5.500 trabajadores en el grupo (1.900 de ellos en el País Vasco). Cabe destacar que la caída de esta cooperativa se debió fundamentalmente a las condiciones del mercado, aunque ello no le exime de diversos problemas relacionados con la gobernanza como los analizados anteriormente (Errasti, Bretos, and Etxezarreta 2016; Errasti, Bretos, and Nunez 2017).

Los mecanismos internos del sistema Mondragón han sido clave para hacer frente a este escenario. Hoy en día, la inmensa mayoría de los socios cooperativistas afectados por el cierre de Fagor en el País Vasco han encontrado una solución, principalmente mediante su reubicación en otras cooperativas del grupo. En cambio, los miles de trabajadores asalariados (no socios) de la cooperativa y sus filiales han quedado excluidos de los mecanismos de solidaridad de Mondragón. Ello pone en relieve las contradicciones de estas cooperativas multinacionales no sólo en lo relativo a las carencias democráticas y participativas en las filiales capitalistas sino también en términos de las condiciones socio-laborales en dichas filiales (Kasmir 2016).

3. Dinámicas de regeneración en las cooperativas multinacionales de Mondragón

Tras décadas de intenso crecimiento que han alejado a algunas cooperativas de Mondragón de su naturaleza social y cooperativa en favor de las prerrogativas gerenciales y la orientación al mercado, el grupo vive inmerso desde mediados de los años 2000 en un proceso de reflexión y debate orientado a revitalizar aspectos esenciales del modelo cooperativo como la transformación social y comunitaria, la participación de los trabajadores, la gobernanza democrática, la intercooperación, y la formación y educación cooperativa (Azkarraga, Cheney, and Udaondo 2012).

Esta reflexión ha resultado en la implementación de estrategias de regeneración en diversas cooperativas del grupo. De manera general, existen iniciativas de regeneración orientadas a la revitalización de las prácticas y valores originales en las cooperativas matrices, por un lado, y a la extensión del modelo cooperativo a las filiales capitalistas, por el otro.

3.1. Revitalización de los valores y prácticas cooperativistas en las matrices cooperativas vascas

Varias cooperativas industriales del grupo Mondragón, de gran tamaño y naturaleza multinacional, están tratando de impulsar, particularmente desde el año 2005, proyectos de recuperación y revitalización de los valores y prácticas cooperativistas originarias (Azkarraga et al. 2012; Webb and Cheney 2014).

Mientras que en la década de los 90 la educación en los aspectos filosóficos, sociales y prácticos del cooperativismo pasó a un segundo plano en favor de la capacitación técnica (Cheney 2002), en los últimos años existen diversos proyectos –diseñados e impulsados por el Instituto LANKI de estudios cooperativos de la Universidad de Mondragón y por el centro de formación cooperativa y de gestión Otalora– para reintroducir, renovar e institucionalizar la formación y educación cooperativista en las cooperativas del grupo (Webb and Cheney 2014). En términos generales, se está tratando no sólo de fortalecer las competencias directivas y facilitar el desarrollo profesional de los directivos, sino también aspectos como el desarrollo cultural (centrado en fomentar una dirección empresarial acorde a una cultura organizacional más cooperativa y constructiva), la educación cooperativa (dirigida a proporcionar capacitación a los miembros de los órganos sociales para que desempeñen su rol de manera competente y a promover el sentimiento de pertenencia de los socios trabajadores a la cultura y valores cooperativas), y habilidades sociales como el liderazgo cooperativo y el trabajo en equipo (Azkarraga et al. 2012; Basterretxea and Albizu 2011).

Esta revitalización en la educación y formación cooperativa sirve también como apoyo a los proyectos que se están desarrollando para reforzar la participación tanto en los órganos sociales como en el área de trabajo. Ello se está llevando a cabo fundamentalmente mediante la reconfiguración y profundización de la comunicación en las cooperativas. Por un lado, desde hace años, se vienen promoviendo en diversas cooperativas reuniones preparatorias previas a las asambleas generales, realizadas en grupos pequeños de unos 30-40 socios, con el objetivo de facilitar la transmisión de información y fomentar la participación en estos espacios. Las charlas informativas que se han mantenido tradicionalmente para informar a los trabajadores sobre cuestiones clave de la cooperativa se están dinamizando con el objetivo de promover una mayor participación, diálogo y reflexión. Asimismo, la estructura del Consejo Social ha sido objeto fundamental de iniciativas transformadoras e innovadoras.

En los últimos años, diversas cooperativas han creado los denominados "consejillos", esto es, reuniones periódicas que tienen por objeto facilitar la comunicación entre los trabajadores de base y los representantes del Consejo Social. Ante la saturación del Consejo Social derivada de su utilización por parte de los trabajadores como medio para expresar sus quejas, problema habitual en las cooperativas de Mondragón, Fagor Ederlan ha creado las denominadas "reuniones sociales de planta". Mensualmente, una persona de la Comisión Permanente del Consejo Central, el responsable de planta, una persona del equipo de Gestión Social y los vocales sociales de la planta, se reúnen para compartir la información sobre la gestión de la planta, resolver los problemas sociales de su ámbito y proponer temas para trasladar al Consejo Social. Asimismo, también se han creado los "consejos sociales de negocio", que reúnen a una persona del Consejo Rector, el Director de Línea de Producto, un miembro de Gestión Social y los vocales sociales adscritos al negocio. En estos espacios se comparte información relativa a la gestión, se discuten temas generales de la cooperativa y se abordan temas sociales que escapan del ámbito de las reuniones de planta.

Otras cooperativas industriales particularmente dinámicas e innovadoras, como Fagor Arrasate, también están experimentando internamente con nuevas formas de participación (Webb and Cheney 2014). Esta cooperativa ha propiciado dinámicas más participativas mediante un tratamiento más cualitativo de la información y la apertura de espacios para la deliberación y la participación más activa de las personas. Por ejemplo, el rol del consejero se ha redefinido para no sólo informar sino también dinamizar la participación en los consejillos. Igualmente, los consejillos se han reconfigurado para fomentar el rol asesor del Consejo Social.

3.2. La extensión del modelo cooperativo a las filiales capitalistas

Más allá de estos aspectos, que atañen fundamentalmente a la revitalización de la participación y gobernanza democrática en las cooperativas matrices vascas, un aspecto particularmente relevante y novedoso consiste en la aprobación en el año 2003 de la denominada 'estrategia de expansión social' por parte del Congreso Cooperativo de Mondragón. Dicha estrategia se refiere a la difusión de los valores cooperativos en las filiales capitalistas mediante el desarrollo de mecanismos de participación para los trabajadores similares a los existentes en las cooperativas (Irizar 2005). Este Congreso acordó objetivos cruciales como fomentar una mayor transparencia en la toma de decisiones en las filiales, implementar el mismo modelo de gestión participativa que en las cooperativas, avanzar hasta al menos un 30% de la propiedad en manos de los trabajadores, y dedicar entre el 1% y 5% de los beneficios al desarrollo de los territorios donde están localizadas las filiales (Flecha and Ngai 2014). Posteriormente, el Modelo de Gestión Corporativo de Mondragón[181] incluyó tres aspectos esenciales a profundizar en las cooperativas: la Autogestión, la Comunicación y el Desarrollo Corporativo (Mondragon 2013).

Los dos primeros aspectos (Autogestión y Comunicación) abarcan tanto a las cooperativas como a sus filiales, mientras que el tercer aspecto (Desarrollo Corporativo) está diseñado fundamentalmente para las segundas. Respecto a la Autogestión en las cooperativas y filiales, la Corporación incide en diseñar estructuras organizativas horizontales que faciliten la participación y el trabajo en equipo y posibiliten la definición colectiva de objetivos y la asunción de responsabilidades. La Comunicación se centra en establecer políticas de transparencia que fomenten las relaciones interpersonales y la fluidez de la información en toda la organización. Finalmente, el Desarrollo Corporativo se centra en exportar el modelo cooperativo a las capitalistas mediante la introducción del modelo de gestión cooperativa.

Estas líneas y directrices generales, si bien no constituyen normas de obligado cumplimiento, se han traducido en los últimos años en diversas acciones concretas por parte de algunas cooperativas multinacionales dirigidas a promover la 'cooperativización' de las filiales, esto es, la implementación del modelo cooperativo en ellas. Se pueden distinguir dos líneas principales de cooperativización en Mondragón. La primera y más directa consiste en la transformación directa de las filiales capitalistas en cooperativas, y ha sido utilizada exclusivamente en el caso de filiales domésticas. La segunda línea de acción, diseñada principalmente para las filiales extranjeras, se ha basado en la implementación parcial de algunas prácticas de gestión asociadas al modelo cooperativo que caracteriza a las matrices vascas.

3.2.1. La cooperativización de las filiales domésticas

La cooperativización de las filiales domésticas se ha llevado a cabo principalmente mediante dos fórmulas. Una implica la creación de una cooperativa mixta[182], es decir, la filial se convierte en una cooperativa cuya propiedad se reparte, normalmente, entre los propios trabajadores de la filial, la matriz y Mondragón Inversiones S. Coop. La otra implica que, aunque la filial mantiene su forma jurídica, los trabajadores pasan a ser socios de la matriz cooperativa bajo la figura del socio en comisión de servicios[183], accediendo así a la propiedad, resultados y gestión de la empresa. Algunas de las primeras experiencias desarrolladas por cooperativas multinacionales se llevaron a cabo en Fagor Electrodomésticos. A finales de los 90, la empresa filial vasca Fabrelec S.A. se convirtió en cooperativa (denominada posteriormente Edesa S. Coop.), cuya propiedad se repartió entre los socios trabajadores de la filial, con un 44%, y la matriz Fagor Electrodomésticos. En 2004, los 250 trabajadores de la filial vasca Geyser Gastech se convirtieron en socios en comisión de servicios de la matriz (Errasti and Mendizabal 2007).

En los últimos años, también se han llevado a cabo experiencias particularmente notables en este ámbito (para análisis detallados de la cooperativización de filiales domésticas en Mondragón, véase Flecha and Ngai 2014; Bretos and Errasti 2016, 2017), destacando los casos de Maier y Fagor Ederlan. En 2006, la mayoría de los 80 trabajadores de la filial vasca Fit Automoción S.A. se convirtieron en socios en comisión de servicios de la empresa matriz Fagor Ederlan; proceso similar al completado recientemente en su otra filial vasca Victorio Luzuriaga Usurbil. Por otro lado, en 2008, Victorio Luzuriaga Tafalla S.A., filial de Fagor Ederlan con sede en Navarra, se transformó en la cooperativa mixta Fagor Ederlan Tafalla S. Coop., pasando algo más de la mitad de sus 700 trabajadores a ostentar la condición de socios cooperativistas. En 2012, la cooperativa Maier llevó a cabo un proceso similar en su filial gallega Maier Ferroplast S.L., donde 150 de los 190 trabajadores de la plantilla aprobaron la transformación de la filial en la cooperativa mixta Maier Ferroplast S. Coop. Nuestra investigación sobre estas filiales identificó diversos efectos positivos derivados de su transformación en cooperativas, como la mayor resiliencia de las empresas en los años de crisis económica, la mejora de la estabilidad laboral y de las relaciones entre trabajadores y dirección, la mayor participación de los trabajadores en la empresa y el consecuente aumento de su motivación y compromiso, o la mejora de las condiciones laborales.

No obstante, existen también limitaciones importantes en estos procesos que obstaculizan la genuina implantación de las prácticas y cultura cooperativistas incluso a pesar de la transformación legal de estas empresas en cooperativas. Una limitación fundamental es el acceso restringido de los nuevos socios a la propiedad de las filiales. Por ejemplo, en Fagor Ederlan Tafalla, los trabajadores adquirieron únicamente el 12% de la empresa, quedando el resto en manos de la matriz Fagor Ederlan y de Mondragón, que conforman mayoría en los órganos de gobierno de la filial cooperativa. En el caso de Maier Ferroplast, el menor tamaño de la filial permitió que los trabajadores adquiriesen el 33%. Ello se traduce en un cierto descontento entre los trabajadores con la naturaleza y alcance de su participación en la empresa. Por ejemplo, una encuesta interna realizada por Fagor Ederlan Tafalla un año después de la cooperativización de la filial señalaba que el 23% de los trabajadores de la filial puntuaron su participación en la empresa con un 1 sobre 10. Por otro lado, es evidente la carencia en el compromiso y conocimiento entre los nuevos socios con la cultura y valores cooperativos. Un año después de la cooperativización, sólo un 7% de los trabajadores de Fagor Ederlan Tafalla afirmaron conocer el contenido y significado de los principios y valores de la Experiencia Cooperativa de Mondragón, reconociendo que la mayoría se convirtieron en socios por la mayor estabilidad laboral que ofrece la fórmula cooperativa. Asimismo, los trabajadores que se mantuvieron como asalariados tras los procesos de cooperativización quedaron excluidos de los espacios democráticos y participativos de las filiales (Bretos and Errasti 2016, 2017).

3.2.2. La cooperativización de las filiales extranjeras

Como señalábamos anteriormente, la cooperativización de las filiales extranjeras se ha basado en la implantación parcial de ciertas prácticas de gestión vinculadas al modelo cooperativo. Algunos trabajos que han analizado este tipo de iniciativas señalan que las cooperativas multinacionales de Mondragón han sido capaces de mantener los valores y prácticas cooperativistas durante la expansión internacional y de extender el modelo cooperativo a las filiales extranjeras (Luzarraga 2008; Lertxundi 2011; Luzarraga and Irizar 2012; Flecha and Ngai 2014; Santos-Pitanga 2015). El argumento de estos autores se basa fundamentalmente en la introducción de determinadas prácticas en las filiales, como la organización en equipos auto-gestionados, la formación de los trabajadores en aspectos técnicos, o la mayor comunicación entre los empleados y la dirección.

En cambio, nuestra investigación sobre diversas filiales extranjeras del grupo Mondragón arrojó unos resultados notablemente diferentes (Errasti 2015; Errasti et al. 2016; Bretos and Errasti 2017; Bretos et al. 2017). En términos generales, las cooperativas multinacionales de Mondragón han introducido tres tipos de prácticas de manera similar en todas las filiales extranjeras. En primer lugar, todas las filiales extranjeras operan bajo el mismo modelo de Gestión de la Calidad Total y técnicas de producción ajustada, por lo que la organización del trabajo en estas filiales es bastante similar a la existente en las matrices cooperativas. En segundo lugar, las cooperativas de Mondragón han implementado mecanismos de participación directa para los trabajadores. Por ejemplo, todas las filiales han introducido el modelo de las mini-compañías, algún tipo de sistema de sugerencias del empleado, y el establecimiento de reuniones de periódicas entre gerencia y trabajadores que fomentan el intercambio de información sobre los aspectos productivos. De esta forma, la participación de los trabajadores en el área de trabajo es significativa en las filiales extranjeras. En tercer lugar, todas las filiales extranjeras han introducido sistemas de retribución variable. En el caso de los directivos, las recompensas se establecen conforme a objetivos establecidos periódicamente. En el caso de los trabajadores de planta, las recompensas están vinculadas a la productividad y a la calidad de la producción.

Por otra parte, en lo relativo a otras prácticas de gestión asociadas al modelo cooperativo (como la equidad salarial, la estabilidad laboral, la promoción interna, y la formación continua de los trabajadores), se observan diferencias sensibles entre las filiales localizadas en distintos países. Por ejemplo, es evidente que en las caso de las filiales chinas apenas existe rastro del modelo cooperativo (Errasti 2015; Bretos et al. 2017). En cambio, en otras filiales se ha logrado avanzar significativamente en la introducción de este tipo de prácticas. Un ejemplo es Fagor Ederlan Brasileira, la filial brasileña de Fagor Ederlan. Esta filial ha introducido un balance social con indicadores de desempeño económico, social y ambiental que facilitan la comparación de las características de la empresa matriz con las de la filial. Entre otros aspectos, se han reducido las diferencias en las escalas salariales de la empresa, se han promovido las oportunidades de formación y de promoción interna para los trabajadores, las condiciones laborales se revisan anualmente en colaboración con los sindicatos para mantenerlas en niveles similares o superiores a los del entorno local, y se han añadido beneficios sociales para los trabajadores que incluyen, entre otros, seguros de salud, cupones de comidas y el transporte a la planta. Todo ello ha fomentado la estabilidad laboral y el bienestar de los trabajadores (Bretos and Errasti 2017; Bretos et al. 2017). Igualmente, antes del impacto de la crisis económica, Fagor Electrodomésticos logró avances similares en su planta localizada en Polonia (Errasti et al. 2016).

Sin embargo, aunque el modelo cooperativo se ha afianzado en mayor media en algunas filiales, es evidente que ninguna de ellas ha sido transformada en cooperativa ni ha introducido de manera consistente el conjunto de prácticas asociadas al modelo cooperativo, en particular, en lo concerniente a la participación de los trabajadores en la propiedad, reparto de beneficios y gestión general de la empresa; aspectos centrales de la fórmula cooperativa. Nuestra investigación identificó diversos factores que dificultan la genuina cooperativización de las filiales extranjeras. Por un lado, existen barreras de carácter cultural e institucional. Por ejemplo, en diversos países donde se localizan las cooperativas de Mondragón no existe una legislación que ampare jurídicamente a la fórmula de la cooperativa de trabajo, como es el caso de China, por ejemplo. Evidentemente, ello dificulta la posible transformación de estas filiales en cooperativas. Además, muchos de estos países tampoco cuentan con una tradición cooperativa como la existente en el País Vasco, y los empleados de están filiales no están acostumbrados a trabajar en una cultura laboral de cooperación. Ello implica en definitiva la dificultad de introducir en estas filiales prácticas de gestión basadas en la participación y la toma de decisiones colectiva.

Por otro lado, si bien estos factores institucionales son relevantes, nuestra investigación identificó otras barreras, vinculadas con las relaciones de poder matriz filial y con los intereses propios en la matriz, que parecen obstaculizar la cooperativización de las filiales extranjeras de manera todavía más crítica. Un aspecto clave es la percepción entre los socios cooperativistas vascos de que los trabajadores en las plantas extranjeras no desarrollarán un compromiso tan sólido como el suyo con la empresa y con la cultura cooperativa, lo que genera en última instancia cierta desconfianza sobre el éxito de un hipotético proyecto de cooperativización en una planta extranjera. Asimismo, los directivos y socios trabajadores de las matrices cooperativas consideran que la mayor participación de los trabajadores y autonomía de las filiales extranjeras podría ser perjudicial para el control de la matriz sobre el conjunto del grupo empresarial, percibiendo por tanto que la cooperativización de plantas extranjeras podrían poner en riesgo la propia viabilidad de la cooperativa y los puestos de trabajo de los socios cooperativistas vascos.

4. Conclusiones

Algunos trabajos recientes han desafiado la visión determinista y monolítica de la teoría de la degeneración demostrando que las cooperativas son capaces de lidiar con las presiones isomorfas institucionales –las cuales empujan a estas organizaciones a adoptar formas organizacionales y prioridades similares a la empresa capitalista– y desarrollar estrategias de regeneración (Ng and Ng 2009; Storey et al. 2014; Narvaiza et al. 2017; Jaumier 2017). Este estudio complementa estas contribuciones sobre la regeneración cooperativa mediante el análisis de las dinámicas degenerativas y regenerativas que tienen lugar en las cooperativas multinacionales, un ámbito donde nuestro conocimiento es extremadamente limitado todavía.

Como evidencia nuestra investigación, las cooperativas y otras organizaciones de la economía social han estado expuestas históricamente a presiones degenerativas. El capitalismo global y la transformación de algunas cooperativas de Mondragón en organizaciones multinacionales no han hecho sino acentuar las tensiones ya existentes entre los principios cooperativos y el éxito empresarial en un entorno capitalista, afectando de esta forma a la gobernanza democrática y a los sistemas participativos en estas grandes cooperativas orientadas al mercado. Estas tensiones están alimentadas por varias dinámicas, como el predominio del control gerencial a expensas de la participación de los trabajadores, la reconfiguración de los valores y prácticas cooperativas de acuerdo con las prioridades gerenciales de eficiencia y competitividad, y la anexión de filiales capitalistas donde los derechos y beneficios asociados al modelo cooperativo, como la estabilidad laboral y la participación en las decisiones corporativas, están restringidos para los trabajadores.

No obstante, nuestro estudio también pone de manifiesto cómo estas cooperativas multinacionales pueden diseñar e implementar diversas estrategias de regeneración orientadas a revitalizar los valores y prácticas cooperativistas, por ejemplo, mediante la recuperación e institucionalización de la educación cooperativa o mediante la profundización de la participación de los trabajadores de base y la dinamización de distintos espacios democráticos para fomentar la involucración y comunicación de todas las personas de la organización. Más allá de estas cuestiones, que atañen fundamentalmente a las cooperativas matrices, este trabajo ha hecho especial hincapié en las iniciativas de cooperativización desarrolladas en los últimos años en las filiales capitalistas, tanto domesticas como internacionales, que tienen por objeto extender el modelo cooperativo en las mismas. Si bien estas iniciativas de cooperativización no están exentas de desafíos y limitaciones, su potencial transformador es evidente. Previsiblemente, este tipo de estrategias de regeneración seguirán siendo fundamentales en los próximos años, teniendo en cuenta que cada vez más cooperativas se están expandiendo internacionalmente a través de la adquisición y creación de empresas capitalistas (Bretos and Marcuello 2017).

Finalmente, esta investigación también tiene importantes implicaciones para el desarrollo de la teoría organizacional de las cooperativas. A diferencia de los defensores de la tesis degenerativa, que asumen que las tensiones y limitaciones existentes en las cooperativas para equilibrar su dimensión económica y social implicarán ineludiblemente el fracaso comercial o democrático de la organización, este estudio sugiere que la mejor manera de abordar y comprender las tensiones existentes en cooperativas que compiten en una economía de mercado es mediante un 'enfoque paradójico' (Hernandez 2006; Ashforth and Reingen 2014). Desde esta perspectiva, las tensiones y paradojas son elementos inherentes en la supervivencia de las cooperativas. El desafío para estas organizaciones se encuentra, por tanto, en encontrar un equilibrio dinámico orientado a desencadenar cambios organizacionales positivos dentro de una lucha perenne entre la resistencia de los trabajadores y el control gerencial (Courpasson, Dany, and Clegg 2012). En nuestra opinión, el día que ya no encontremos tensiones, paradojas y contradicciones en las cooperativas será porque han dejado de ser alternativas y han perdido su potencial transformador. Mientras tanto, las cooperativas tendrán que sobrevivir con, a través, y más allá de las tensiones.

Bibliografía

Altuna, Larraitz, Aitzol Loyola and Eneritz Pagalday. 2013. Mondragón: The Dilemmas of a Mature Cooperativism. In Camila Piñeiro-Harnecker (Ed.), *Cooperatives and Socialism: A View from Cuba*, pp. 167-188. New York: Palgrave Macmillan.

Ashforth, Blake E. and Peter H. Reingen. 2014. Functions of Dysfunction Managing the Dynamics of an Organizational Duality in a Natural Food Cooperative. *Administrative Science Quarterly* 59(3): 474-516.

Atzeni, Maurizio (Ed.). 2012. Alternative Work Organizations. London: Palgrave Macmillan.

Azkarraga, Joseba, George Cheney, and Ainara Udaondo. 2012. Workers Participation in a Globalized Market: Reflections on and from Mondragon. In Maurizio Atzeni (Ed.), *Alternative*

Work Organizations, pp. 76-102. New York: Palgrave Macmillan.

Basterretxea, Imanol and Eneka Albizu. 2011. Management Training as a Source of Perceived Competitive Advantage: The Mondragon Cooperative Group Case. *Economic and Industrial Democracy* 32(2): 199–222.

Batstone, Eric. 1983. Organization and Orientation: A Life Cycle Model of French Cooperatives. *Economic and Industrial Democracy* 4(2): 139-161.

Benner, Avner. 1984. On the Stability of the Cooperative Type of Organization. *Journal of Comparative Economics* 8(3): 247-260.

Bretos, Ignacio and Anjel Errasti. 2016. Dinámicas de regeneración en las cooperativas multinacionales de Mondragón: la reproducción del modelo cooperativo en las filiales capitalistas. *CIRIEC-España, Revista de Economía Pública, Social y Cooperativa* 86: 5-34.

Bretos, Ignacio and Jon Morandeira. 2016. La economía social ante la actual crisis económica en la Comunidad Autónoma del País Vasco. *REVESCO, Revista de Estudios Cooperativos* 122: 7-33.

Bretos, Ignacio and Anjel Errasti. 2017. Challenges and Opportunities for the Regeneration of Multinational Worker Cooperatives: Lessons from the Mondragon Corporation—A Case Study of the Fagor Ederlan Group. *Organization* 24(2): 154–173.

Bretos, Ignacio, and Carmen Marcuello. 2017. Revisiting Globalization Challenges and Opportunities in the Development of Cooperatives. *Annals of Public and Cooperative Economics* 88(1): 47–73.

Bretos, Ignacio, Anjel Errasti and Carmen Marcuello. 2017. Ownership, governance, and the diffusion of HRM practices in multinational worker cooperatives: Case-study evidence from the Mondragon group. *Human Resource Management Journal* DOI: 10.1111/1748-8583.12165.

Cathcart, Abby. 2013. Directing democracy: Competing interests and contested terrain in the John Lewis Partnership. *Journal of Industrial Relations* 55(4): 601-620.

----------. 2014. Paradoxes of participation: Non-union workplace partnership in John Lewis. *International Journal of Human Resource Management* 25(6): 762-80.

Cheney, George. 2002. *Values at Work: Employee Participation Meets Market Pressure at Mondragon.* Ithaca, NY: Cornell University Press.

----------. 2005. Democracy at Work within the Market: Reconsidering the Potential. In Vicki Smith (Ed.), *Worker Participation*, pp. 179–203. Amsterdam: Emerald.

Cooke, Philip, Mikel G. Uraga, and Goio Etxebarria. 1997. Regional innovation systems: institutional and organisational dimensions. *Research Policy* 26: 475-91.

Cornforth, Chris. 1995. Patterns of Cooperative Management: Beyond the Degeneration Thesis. *Economic and Industrial Democracy* 16(4): 487–523.

Courpasson, David, Françoise Dany and Stewart Clegg. 2012. Resisters at work: Generating productive resistance in the workplace. *Organization Science* 23: 801–819.

Elortza, Naroa, Izaskun Alzola, and Urko López. 2012. La Gestión de la Crisis en la Corporación Mondragón. *Ekonomiaz* 79(1): 58-81.

Errasti, Anjel. 2015. Mondragon´s Chinese Subsidiaries: Coopitalist Multinationals in Practice. *Economic and Industrial Democracy* 36(3): 479-99.

Errasti, Anjel and Antxon Mendizabal. 2007. The impact of globalization and relocation strategies in large co-operatives: The case of the Mondragon Co-operative Fagor

Electrodomésticos S.Coop. *Advances in the Economic Analysis of Participatory and Labor-managed Firms* 10: 265-287.

Errasti, Anjel, Ignacio Bretos, and Enekoitz Etxezarreta. 2016. What do Mondragon Coopitalist Multinationals Look Like? The Rise and Fall of Fagor Electrodomésticos S. Coop. and its European Subsidiaries. *Annals of Public and Cooperative Economics* 87: 433–456.

Errasti, Anjel, Ignacio Bretos, and Aitziber Nunez. 2017. The Viability of Cooperatives: The Fall of the Mondragon Cooperative Fagor. *Review of Radical Political Economics* 49(2): 181-197.

Flecha, Ramón, and Pun Ngai. 2014. The challenge for Mondragon: Searching for the co-operative values in times of internationalization. *Organization* 21(5): 666-82.

Heras, Iñaki. 2014. The Ties that Bind? Exploring the Basic principles of Worker-Owned Organizations in Practice. *Organization* 21(5): 645-65.

Heras, Iñaki, and Imanol Basterretxea. 2016. Do co-ops speak the managerial lingua franca? An analysis of the managerial discourse of Mondragon cooperatives. *Journal of Co-operative Organization and Management* 4(1): 13–21.

Hernandez, Sarah. 2006. Striving for control: Democracy and oligarchy at a Mexican cooperative. *Economic and Industrial Democracy* 27(1): 105-135.

Irizar, Inazio. 2005. *Empresa Cooperativa y Liderazgo.* Oñati: Mondragon Unibertsitatea.

Jaumier Stéphane. 2017. Preventing chiefs from being chiefs: An ethnography of a co-operative sheet-metal factory. *Organization* 24(2): 218-239.

Kasmir, Sharryn. 1996. *The Myth of Mondragon, Cooperatives, Politics and Working-Class Life in a Basque Town.* New York: SUNY Press.

----------. 2016. The Mondragon Cooperatives and Global Capitalism: A Critical Analysis. *New Labor Forum* 25(1): 52-59.

Lertxundi, Aitziber. 2011. Characteristics of human resource management in Basque cooperatives and their response to new international contexts. In Baleren Bakaikoa and Eneka Albizu (Eds.), *Basque Cooperativism*, pp. 169-211. Reno: Center for Basque Studies.

Luxemburg, Rosa. 1900. *Reform or Revolution.* London: Militant Publications.

Mandel, Ernest. 1975. Self-Management Dangers and Possibilities. *International* 2(4): 3-9.

Luzarraga, Jose M. 2008. *Mondragon Multi-Localisation Strategy: Innovating a Human Centred Globalisation.* Doctoral dissertation, Mondragon University.

Luzarraga, Jose M., and Iñazio Irizar. 2012. La Estrategia de Multilocalización Internacional de la Corporación Mondragón. *Ekonomiaz* 79: 114-45.

Marx, Karl. 1967. *Capital: A Critique of Political Economy, vol. 1.* New York: International Publishers.

McMurtry, John J., and Darryl Reed. 2009. *Co-operatives in a Global Economy.* Newcastle: Cambridge Scholars Publishing.

Meister, Albert. 1974. *La participation dans les associations.* Paris: Editions Ouvrières.

Miyazaki, Hajime. 1984. On Success and Dissolution of the Labour-Managed Firm in the Capitalist Economy. *Journal of Political Economy* 92(5): 909-931.

Molina, Fernando, and Antonio Miguez. 2008. The origins of Mondragon: Catholic co-operativism and social movement in a Basque valley (1941-59). *Social History* 33(3): 284-298.

Mondragon. 2013. *Corporate Management Model.* Mondragón: Mondragon Corporation.

----------. 2015. *A review of the key milestones in the co-operative group's history.* Eskoriatza: Mondragon Corporation.

----------. 2016. *2015 Annual Report.* Eskoriatza: Mondragon Corporation.

Narvaiza, Lorea, Cristina Aragon-Amonarriz, Cristina Iturrioz-Landart, Julie Bayle-Cordier, and Sandrine Stervinou. 2017. Cooperative Dynamics during the Financial Crisis: Evidence from Basque and Breton Case Studies. *Nonprofit and Voluntary Sector Quarterly* 46(3): 505-524.

Ng, Catherine W., and Evelyn Ng. 2009. Balancing the democracy dilemmas: Experiences of three women workers' cooperatives in Hong Kong. *Economic and Industrial Democracy* 30 (2): 182-206.

Paranque, Bernard and Hugh Willmott. 2014. Cooperatives—saviours or gravediggers of capitalism? Critical performativity and the John Lewis Partnership. *Organization* 21(5): 604-625.

Rosner, Menachem. 1984. A Search for 'Coping Strategies' or Forecasts of Cooperative Degeneration? *Economic and Industrial Democracy* 5(3): 391-399.

Santos-Pitanga, Tatiana. 2015. *La institucionalización de la solidaridad: El caso Mondragón.* Doctoral Dissertation, Universitat de Barcelona, Spain.

Storey, John, Imanol Basterretxea, and Graeme Salaman. 2014. Managing and resisting 'degeneration' in employee-owned businesses: A comparative study of two large retailers in Spain and the United Kingdom. *Organization* 21(5): 626-644.

Stryjan, Yohanan. 1994. Understanding cooperatives: The reproduction perspective. *Annals of Public and Cooperative Economics* 65(1): 59-80.

Taylor, Peter L. 1994. The Rhetorical Construction of Efficiency: Restructuring and Industrial Democracy in Mondragon, Spain. *Sociological Forum* 9(3): 459–89.

Webb, Tom, and George Cheney. 2014. Worker-owned-and-governed co-operatives and the wider co-operative movement. In Martin Parker, George Cheney, Valérie

Fournier and Chris Land (Eds.), *The Routledge Companion to Alternative Organization*, pp. 64-88. London: Routledge.

Webb, Sidney, and Beatrice Webb. 1921. *The Consumers' Co-operative Movement*. London: Longmans.

Whyte, William F., and Kathleen K. Whyte. 1991. *Making Mondragon: The Growth and Dynamics of the Worker Cooperative Complex*. Ithaca, NY: ILR Press.

Las cooperativas de viviendas en cesión de uso y las nuevas políticas públicas de vivienda en Euskadi

Aitziber Etxezarreta, Santiago Merino, Artitzar Erauskin

GEZKI
Gizarte Ekonomia eta Zuzenbide Kooperatiboaren Institutua
Instituto de Derecho Cooperativo y Economía Social
Universidad del País Vasco / Euskal Herriko Unibertsitatea[184]

Gala Cano
Universidad de Murcia

Las cooperativas de viviendas en cesión de uso y las nuevas políticas públicas de vivienda en Euskadi

Muy recientemente se ha anunciado el primer caso de fomento activo de la fórmula de cooperativas de vivienda en cesión de uso por el Gobierno Vasco, que se desarrollará en un solar de Donostia, adquirido para tal fin. ¿Adoptarán las cooperativas de vivienda en cesión de uso, a través de esta y otras actuaciones semejantes, el rango de política pública de vivienda?

En este artículo se estudia el recorrido de las cooperativas de vivienda desde su rol más tradicional de herramienta de construcción de VPOs, pasando por una fórmula diferente de tenencia de vivienda y llegando a una nueva visión de las cooperativas en cesión de uso como eje de las políticas públicas de Euskadi. Así, en un primer apartado se repasa la evolución histórica del cooperativismo de viviendas desde la perspectiva de la economía social (desde las cooperativas de viviendas tradicionales a las cooperativas de cesión de uso). En el segundo apartado se explican brevemente los resultados de una investigación realizada recientemente sobre las iniciativas emergentes de cooperativas de cesión de uso en España. En el tercer apartado, se analiza el recorrido de las iniciativas institucionales relacionadas con las cooperativas de viviendas en cesión de uso y las políticas públicas de vivienda en Euskadi. Por último, se exponen las principales conclusiones y reflexiones obtenidas.

1. La economía social y la vivienda: Las cooperativas de vivienda tradicionales

Las cooperativas de viviendas han sido un agente bien conocido en la promoción y construcción de las viviendas españolas, ya que en épocas pasadas ejercían ese papel para luego ofrecer viviendas a menor coste a los miembros de dichas cooperativas, habitualmente en régimen de propiedad. Es decir, la cooperativa, una vez finalizado el plazo de construcción, adjudicaba las viviendas y desaparecía. En los últimos años otro fenómeno de "cooperativismo" se ha colado en el cooperativismo de vivienda, el de las antiguas empresas promotoras, que tras la bajada de la actividad y rentabilidad de las tareas de promoción y construcción, hacen uso de esta fórmula jurídica con carácter instrumental y de forma muy alejada de lo que entenderíamos como cooperativismo, todo lo cual ha hecho que se haya realizado una profunda reflexión por parte de las diferentes administraciones públicas sobre esta fórmula y los agentes partícipes en el modelo (Otxoa-Errarte, 2016)[185].

En nuestro entorno geográfico las cooperativas de vivienda históricamente se han construido (al igual que las viviendas protegidas) para los sectores sociales más desfavorecidos, que eran excluidos tradicionalmente del mercado de la vivienda, especialmente en aquellos momentos en los que la situación de la demanda de vivienda no favorecía que los promotores tradicionales ofrecieran un producto de precio limitado (Etxezarreta y Merino, 2013).

El cooperativismo de viviendas que tradicionalmente más se ha aplicado en el contexto español está vinculado a la promoción y construcción de viviendas protegidas bajo régimen cooperativo, para su posterior adjudicación entre los socios cooperativistas y liquidación de la misma. De esta manera, el futuro adjudicatario de la vivienda (convertido en socio cooperativista) se ahorra el beneficio empresarial del promotor inmobiliario. Por eso, las cooperativas de vivienda han sido un instrumento de la economía social que, aplicado al volátil mercado inmobiliario, han perseguido la adquisición de una vivienda a precios más asequibles, y que permite la participación democrática de los socios "promotores" en la toma de decisiones[186].

Concretamente, el cooperativismo de viviendas en España históricamente ha promovido viviendas al amparo de la legislación de viviendas protegidas (Leyes de Casas Baratas y Económicas, Ley Salmón, etc.). Por tanto, en España ha sido fundamentalmente una figura jurídica, una herramienta utilizada para la construcción de viviendas protegidas: hasta el 90% del total eran protegidas en 2003 y el 10% restante viviendas de segunda residencia o libres por decisión de los socios cooperativistas adjudicatarios de las mismas (Salinas y Sanz, 2003).

2. Las cooperativas de cesión de uso como experiencias innovadoras.

Según la legislación española hay varios tipos de cooperativas relacionadas con el ámbito de la vivienda (Etxezarreta y Merino, 2013). Aunque, sólo las cooperativas en cesión de uso cumplirían con los criterios de la economía social en el ámbito de la vivienda, puesto que las demás cooperativas de vivienda son puras herramientas transitorias para ahorrarse el coste de los intermediarios.

Las cooperativas de cesión de uso representan otra fórmula dentro del cooperativismo de viviendas, que la normativa actual establece como posibilidad, si bien hasta la fecha el régimen de la propiedad ha acaparado el mercado español. En las cooperativas de vivienda en cesión de uso, las cooperativas mantienen la propiedad de la vivienda, una vez construida, de forma que el socio dispone solamente del derecho de uso, para el disfrute del cual abona una renta, contribución o alquiler.

Este modelo se asocia al concepto de cesión en uso vinculado también al denominado modelo Andel, fuertemente arraigado en los países escandinavos desde hace décadas, mientras que prácticamente no se ha implantado en territorio nacional, salvo experiencias puntuales, a pesar de que el marco normativo permitiría su aplicación. Hay que tener en cuenta que en cada país hay diferencias en cuanto a la estructura legal de una Cooperativa de viviendas.

En el caso español la Cooperativa con división horizontal ha sido frecuente, pero fuera de España, una cooperativa de viviendas, con diferentes acepciones según países, mantiene la propiedad del inmueble, y los residentes poseen participaciones y el derecho de uso. Las "Limited Equity Cooperatives" son cooperativas americanas que además ponen limite a los beneficios que pueden obtenerse por la venta de las participaciones. Este sistema, con precio de venta limitado, es típicamente danés (bofaellesskab) y en España sería equiparable a las Cooperativas de Viviendas en Régimen de Cesión de Uso, con precio limitado (Durrett, 2015).

En este sentido, la reciente aprobación en la Comunidad Autónoma del País Vasco de la Ley 3/2015, de 18 de junio, de Vivienda supone un salto cualitativo considerable al regular este modelo de forma detallada para su futura aplicación operativa en el País Vasco (Observatorio Vasco de la Vivienda, 2015)[187].

El modelo Andel nació en Dinamarca en 1911 y tuvo un importante crecimiento hasta la década de los 70. Este modelo funciona de manera democrática, los miembros habitantes del Andel no pueden transformarlo en una propiedad tradicional, aunque tienen más derechos que un inquilino convencional, al ser éste un modelo que establece el uso indefinido de la vivienda (Merino, 2012). Este modelo se ha desarrollado con especial intensidad en países como Suecia, Dinamarca o Alemania. En estos países las cooperativas de vivienda disponen en la actualidad de un notable peso cuantitativo sobre el conjunto del parque de viviendas (Observatorio Vasco de la Vivienda, 2012)[188].

Así, por ejemplo, en Dinamarca, 125.000 viviendas se encuentran gestionadas a través del modelo andel, con especial incidencia en las ciudades danesas. En Alemania el peso de las cooperativas de vivienda sobre el conjunto del parque construido es muy relevante y el modelo de cesión de uso es dominante, de manera que cerca de 5 millones de personas reside en cooperativas de vivienda (aproximadamente 6% de la población alemana). En Suecia, la Federación Nacional de cooperativas suecas HSB gestiona en torno a 400.000 viviendas, de las cuales la mayor parte (310.000) corresponde al modelo asimilable a la cesión de uso en el que los residentes son inquilinos y la propiedad se mantiene en la cooperativa.

Por tanto, varios países del norte de Europa han utilizado mucho esta fórmula (Merino, 2012; Etxezarreta y Merino, 2013), pero también existe y tiene una larga tradición en otros continentes, en países como Uruguay (Ghilardi, 2016) y Quebec (Bouchard, 2005). Asimismo, en Manhattan existe el Cooperative Village, un desarrollo cooperativo que se dio desde 1930 a 1956, compuesto por cuatro cooperativas y 4500 apartamentos en doce edificios.[189]

En España hasta el momento, aunque como ya hemos citado anteriormente la legislación lo permite, sólo se han materializado contadas experiencias, y es por ello que ha sido enmarcado dentro del ámbito de la innovación social en este territorio (Etxezarreta et al, 2015).

En cambio, en la actualidad se percibe desde diversos ámbitos un creciente interés en estos temas[190]. Así, una reciente contribución que estudia la provisión de vivienda social en España (Pareja y Sanchez-Martinez, 2017) señala a las cooperativas de vivienda, junto con los bancos, como un nuevo actor de la provisión de vivienda social en España.

Asimismo, otro reciente estudio realiza una prospección de buenas prácticas en políticas de vivienda en el ámbito regional y local de la Unión Europea (Observatorio de la Realidad Social, 2016), donde se destacan entre otros, la vivienda cooperativa en Suecia, en Inglaterra y en Italia, como referentes de políticas de vivienda que promueven la cohesión social.

Por otra parte, existen factores ajenos a los temas de vivienda que se suman a este interés, como son la fuerte problemática del envejecimiento en nuestra sociedad y la gestión de los cuidados, temas que generan mucho debate e interés en ámbitos como la psicología, la economía y el género, entre otros. En este sentido, hay varias investigaciones en marcha, que están dando (Emakunde, 2016) y darán (proyecto MOVICOMA) resultados muy interesantes y que confluyen también en muchos aspectos con el planteamiento del presente trabajo.

Finalmente, estas iniciativas en forma de cooperativa de cesión de uso, albergan muchas veces (pero no necesariamente) un proyecto de cohousing o de vivienda colaborativa. Este concepto puede ser analizado atendiendo a diferentes aspectos o tipologías, una de la más utilizada sería la edad de los cooperativistas miembros. En este sentido, podemos distinguir entre cohousing senior y cohousing intergeneracional. El cohousing senior comprende unos miembros con edades cercanas a la tercera edad que plantean un proyecto de convivencia común activo, donde se suelen prever instalaciones médicas, habitabilidad adaptada etc. La idea no es reproducir proyectos de residencias de ancianos, sino crear una convivencia activa donde los cooperativistas puedan participar de cursos, talleres y tareas del hogar compartidas, así como beneficiarse de las tareas que se decidan que sean subcontratadas como limpieza, lavandería, etc.

El cohousing intergeneracional comprende varias tipologías de familias, con miembros con todo tipo de edades. Los proyectos suelen comprender espacios comunes de cuidados de infancia, aulas de actividades, etc. Este tipo de cohousing, a pesar de que originariamente las experiencias de cohousing eran intergeneracionales (Durrett, 2015), parece plantear más problemas a la hora de materializarse en varias de las iniciativas surgidas recientemente en el contexto español[191], debido entre otros, a la gran variedad de tipologías de familias y variedades en la situación económica de los miembros. Como veremos en el siguiente apartado, la tasa de éxito de estos proyectos es sensiblemente inferior a la de proyectos senior.

3. Resumen de resultados de la Investigación sobre las iniciativas que emergen en España de cooperativas de cesión de uso.

Recientemente en una investigación realizada sobre las iniciativas de cooperativas de cesión de uso que emergen en territorio español (Etxezarreta et al, 2016, Etxezarreta et al, en publicación) se estudió, de manera cualitativa y con entrevistas realizadas entre enero y mayo de 2016, el fenómeno de las experiencias emergentes de cooperativas de cesión de uso en España. Es en este tipo de cooperativas de viviendas donde hemos centrado nuestro análisis cualitativo para poner de relevancia la innovación que supone en el ámbito de la tipología de propiedad, primero, el concepto de cooperativa de cesión de uso, y en segundo lugar la forma de habitar que se está volviendo protagonista dentro de estas cooperativas: el cohousing o el auge de las viviendas colaborativas. Ambas ideas suponen un cambio en la manera de entender la propiedad de la vivienda en España, una innovación que, aunque incipiente, tiene perspectivas de asentarse en diferentes colectivos.

Se realizaron nueve entrevistas en total, a expertos y usuarios de viviendas en cesión de uso, con un guión semi-estructurado, que seguía el siguiente esquema: bloque de puesta en marcha, bloque de experiencias de desarrollo, bloque económico y financiero, y bloque arquitectónico (arquitectura abierta y eco). Como resultado de esta investigación se concluía que el fenómeno de cohousing se está viviendo como un fenómeno nuevo e innovador en España, aunque en otros países tenga una larga tradición.

Estas experiencias en algunos casos están prosperando, si bien en otros muchos casos han fracasado o no siguen. En el terreno de los éxitos se podrían destacar las iniciativas de senior cohousing, ya que son las que están prosperando en mayor medida. Y parece que tanto ellas como también la mayoría de las personas vinculadas a este mundo aceptan la idea de que en España el senior cohousing tiene visos de ser una formula exitosa (Etxezarreta et al., 2016, Etxezarreta et al. En publicación).

En el mapa 1 se muestran las experiencias exitosas de senior cohousing en España: Trabensol, Profuturo, Santa Clara, etcétera.

Tabla 1. Panel de personas expertas y usuarias entrevistadas

	Nombre	Categoría: experto/ usuario	Asociación/colectivo
1	**Miguel Ángel Mira**	Experto	Asociación Jubilares
2	**Nacho García**	Usuario	Cooperativa Entrepatios. Proyecto intergeneracional, Madrid
3	**Mario Yoldi**	Experto	Gobierno Vasco. Ex-Director de Planificación y Procesos Operativos de Vivienda
4	**Ana Lambea**	Experta	Profesora Universidad Complutense de Madrid, especialidad derecho sobre cooperativas de viviendas
5	**Jaime Moreno**	Usuario	Cooperativa Trabensol. "Senior", Torremocha de Jarama, Madrid.
6	**Raúl Robert**	Experto	Socio fundador de Sostre Civic
7	**Leo Bensadón**	Experto	Lógica'eco, Cohousing Verde
8	**Borja Izaola**	Experto y usuario	Sustraiak, hábitat design
9	**Daniel López**	Experto	Departamento de Psicología y Educación. Universitat Oberta de Catalunya

Por el contrario, dentro del desarrollo acaecido hasta el momento son las experiencias intergeneracionales las que han tenido una menor tasa de éxito, como es el caso de Housekide, Etxekoop, etc., aunque también hay experiencias exitosas en este ámbito como pueden ser Entrepatios, Laborda y otros. Esta menor tasa de éxito se debe a diferentes factores:

- El factor financiero suele ser uno de los factores más limitadores, puesto que la precariedad laboral de las personas jóvenes puede ser tanto un incentivo (para buscar fórmulas innovadoras y mas asequibles de conseguir alojamiento) como un obstáculo infranqueable (porque pueden no llegar a los mínimos requeridos por las entidades financiadoras, como la exigencia de que la cuota mensual no supere el 30-35% de los ingresos familiares).
- El factor cultural, sociológico o antropológico, que sobre todo en los países del sur de Europa ha convertido a la vivienda en algo más que un servicio de alojamiento. Para la mayoría de las familias es su principal activo, su patrimonio más importante y su forma de ahorro para el futuro y para sus descendientes. Es por ello que las personas jóvenes de estratos socioeconómicos medio-altos no terminen optando por esta vía.
- Asimismo, se señalan las dificultades administrativas como uno de los puntos de dificultad con el que se encuentran este tipo de cooperativas.
- En la vertiente arquitectónica, queda patente el interés por hacer un uso eficiente de los edificios, respetando en la medida de lo posible estándares ecológicos y de respeto al medio ambiente. Se pretende también, que los edificios

potencien y faciliten la convivencia con espacios comunes y abiertos como parte de la cooperativa en sí misma.

Estas cooperativas de cesión de uso, muestran las nuevas iniciativas que al hilo de la crisis en el sector inmobiliario, están surgiendo en España. Estos proyectos hacen hincapié en la construcción social de la cooperativa (bottom up) para una mayor solidez de ésta y una mayor durabilidad del proyecto. Estas nuevas iniciativas responden a nuevas necesidades habitacionales que el mercado tradicional no puede cubrir, y que si bien se van abriendo paso, avanzan con fuerza en España. La aproximación cualitativa ponía de manifiesto las ificultades de inicio y consolidación de los proyectos, los puntos comunes en la puesta en marcha y funcionamiento y un mayor acercamiento a las dificultades, especialmente de las cooperativas de carácter intergeneracional (Etxezarreta, et al, 2016, Etxezarreta et.al. en publicación).

4. La vertiente institucional: las cooperativas de vivienda en cesión de uso y las políticas públicas de vivienda en Euskadi

El Gobierno Vasco es históricamente una de las administraciones autonómicas que en el contexto estatal más iniciativas muestra en el terreno de las iniciativas pioneras y buenas prácticas en el ámbito de la vivienda (Hoekstra, et al, 2009). El gasto en vivienda en Euskadi ha sido tradicionalmente una partida muy minoritaria que ha ocupado en torno a un 0,8% del gasto social, mientras que en otros países se destinan cifras muy superiores a la vivienda, tales como en Francia, Alemania o Reino Unido (2,6%, 2,1% y 5,1%, respectivamente). Según Eustat, la estadística del gasto en prestaciones sociales por funciones y país, sitúa la media de la Unión Europea EU28 de gasto en vivienda en 2,1% (Eustat, 2017[192]).

Mapa 1. Experiencias exitosas de senior cohousing en España

Resumiendo un poco el recorrido histórico, las políticas de vivienda del Gobierno Vasco, partiendo de niveles prácticamente residuales, se fueron intensificando a finales de la década de los 90 y comienzos del nuevo siglo y se tradujeron en una creciente promoción y construcción de viviendas de protección oficial (VPO).

Precisamente en esa etapa histórica, las cooperativas de vivienda (en su forma tradicional) vivieron una época de proliferación en la década de los 90 (Etxezarreta y Etxezarreta, 2007). Esta proliferación estuvo íntimamente ligada a la proliferación de las viviendas de protección oficial, donde las cooperativas de viviendas han sido una herramienta para la promoción y construcción de las viviendas españolas, para ofrecer viviendas a menor coste a los miembros de dichas cooperativas.

Tal y como se explicaba en el primer apartado de este trabajo, es ahí, en la construcción de viviendas de protección oficial donde las cooperativas de vivienda eran usadas como herramienta para abaratar costes en las fases de promoción y construcción de viviendas para las esferas sociales con mayores dificultades para acceder a una vivienda.

El mercado de vivienda de Euskadi (dentro del sistema de vivienda de España) hay que ubicarlo entre los sistemas de vivienda mediterráneos, tal y como lo clasificaron Allen et al (2004), utilizando a su vez la categorización de Esping Andersen (2000) acuñado para la clasificación de los sistemas de bienestar europeos, con altísimos grados de vivienda en propiedad, muy poca vivienda en alquiler u otras tenencias, y también altos grados de vivienda vacía (Etxezarreta, 2007; Cano et al, 2013).

Sin embargo, las instituciones vascas pusieron en marcha diversas iniciativas y reflexiones encaminadas a encontrar nuevas fórmulas que sirvieran para cubrir las necesidades habitacionales en Euskadi, y que miraban a otros sistemas de vivienda europeos, como pueden ser los nórdicos y continentales (se estudiaron Dinamarca, Suecia, Alemania y otras referencias europeas[193]).

Como fruto de estas iniciativas innovadoras puestas en marcha por el Gobierno Vasco en plena expansión de la burbuja inmobiliaria del ciclo precedente, surgieron varios informes y reflexiones, y más tarde también dejaron huella en la ey Vasca de Vivienda de 2015. Esta Ley se aprobó tras años de negociación y varios anteproyectos de ley, y el Gobierno Vasco introdujo con la misma el derecho subjetivo a la vivienda en el ámbito de la comunidad autónoma de Euskadi. Esta ley introduce específicamente el concepto de modelo Andel y su promoción, en la disposición adicional tercera, donde dice textualmente:

> "Promoción o adquisición de conjuntos residenciales por asociaciones sin ánimo de lucro, en régimen de cesión de uso:
> 1.- Sin perjuicio de otras modalidades de autopromoción o de promoción a través de cooperativas u otras formas de asociación con la finalidad de la adjudicación de viviendas y anejos a sus partícipes, la promoción o la adquisición de un conjunto de viviendas, en inmueble único, para la satisfacción de las necesidades residenciales de sus asociados, en régimen de cesión de uso, podrá realizarse por las asociaciones privadas sin ánimo de lucro que se constituyan para tal finalidad (...)".
> (Ley Vasca de Vivienda, BOPV nº 119, 26 de junio de 2015, pp 63)

Por tanto, el marco jurídico vasco recogía expresamente este nuevo formato, que pretende incorporar en el contexto vasco ese otro modelo europeo de cooperativismo de viviendas, denominándolo como el modelo Andel en la Ley de Vivienda Vasca (junio 2015, contra el cual el Gobierno Español interpuso un recurso de inconstitucionalidad[194]).

Asimismo, se incorpora progresivamente esta fórmula en los Planes Directores de Vivienda del Gobierno Vasco, comenzando con el Plan Director de Vivienda 2010-13, donde se incluye hacer una prueba piloto de Cooperativas de cesión de uso (CCU).

Paralelamente, se prepararon unos pliegos administrativos para regular la cesión de uso en 2010; por tanto, jurídicamente y administrativamente el País Vasco estaba ya preparado para acoger este nuevo modelo de vivienda (CCU). Sin embargo, tal y como se concluía en la investigación realizada sobre CCU en (Etxezarreta et al, 2016), si bien había habido algún intento de experiencia de modelo Andel, no habían prosperado por esta vía hasta el momento.

No obstante, muy recientemente se ha abierto una nueva vía institucional, con actuaciones concretas que no sólo permiten, sino que promueven efectivamente su aplicación, como es el caso anunciado en Txomin Enea de Donostia. Esta primera actuación incluye la adquisición de un solar[195] (en Txomin Enea, Donostia) y su adjudicación a una asociación sin ánimo de lucro en régimen de cesión de uso.

Ello marca una diferencia cualitativamente muy importante en la historia reciente de las políticas públicas de vivienda en Euskadi y se incorpora también como eje a desarrollar en el Plan Director de Vivienda 2018-2020. Concretamente, en el proceso de elaboración del Nuevo Plan Director de Vivienda 2018-2020 ha quedado patente la importancia que se les otorga a las cooperativas de vivienda en cesión de uso, en las nuevas fórmulas de acceso a la vivienda, especialmente como un nuevo modelo dirigido a personas jóvenes (en las jornadas organizadas en por el Observatorio Vasco de la Vivienda el pasado 23 de noviembre de 2017[196]).

5. Conclusiones

Las cooperativas de vivienda forman parte de la economía social, aunque en Euskadi este segmento de la economía social no ha sido tradicionalmente tan fuerte como otros, tuvo una época de proliferación en la década de los 90, unida a la proliferación de las viviendas de protección oficial. Sin embargo, las tradicionales cooperativas de vivienda, una vez finalizado su cometido, el de la construcción y adjudicación de las viviendas, desaparecían.

Por ello, la aportación de esta fórmula de cooperativismo a los criterios y valores de la economía social es bastante limitada (Etxezarreta y Merino, 2013). De hecho, aunque existan muchos tipos de cooperativas en el ámbito de la vivienda, sólo las cooperativas en cesión de uso cumplirían con los criterios de la economía social en el ámbito de la vivienda, puesto que las demás cooperativas de vivienda son puras herramientas transitorias para ahorrarse el coste de los intermediarios.

Esta fórmula jurídica, la de las cooperativas en cesión de uso, también está íntimamente ligada en su aplicación con otro concepto: el cohousing, o un proyecto de convivencia en comunidad. Lo cierto es que han emergido en el contexto estatal varias iniciativas de este tipo (ciertamente en Euskadi se han conocido varios intentos fracasados), que se han estudiado en recientes investigaciones (Etxezarreta et al, 2016, Etxezarreta et al, en publicación), concluyendo que las cooperativas de vivienda en cesión de uso y el cohousing senior son conceptos que casan bien, y tienen visos de haber llegado para quedarse. Muchos son los factores que favorecen esta manera alternativa de encarar la última fase de la vida de muchas personas (el envejecimiento activo, y el tema de los cuidados con perspectiva de género, entre otros).

Sin embargo, el cohousing intergeneracional, o dicho de otra manera, las cooperativas de vivienda en cesión de uso como nueva manera de acceder a una vivienda por parte de jóvenes y familias jóvenes está encontrado mayores dificultades. Dificultades financieras y culturales, así como la dificultad de encontrar solares donde realizar estos proyectos colectivos no favorecen el hecho de que estas iniciativas sean exitosas en muchas ocasiones. Sin embargo, en los últimos tiempos ha habido un importante redireccionamiento de las cooperativas de vivienda a la vez que una redefinición de las políticas públicas de vivienda en Euskadi. Hay evidencias hacia un nuevo resurgir de las políticas públicas de vivienda en Euskadi, y esas políticas públicas de nuevo cuño van de la mano de una fórmula que no es nueva aunque sí novedosa en nuestro entorno: las cooperativas de vivienda en cesión de uso. Si bien son conocidas experiencias exitosas en el ámbito internacional (Dinamarca, Quebec, Uruguay, entre otros), en nuestro contexto no han proliferado este tipo de cooperativas de vivienda hasta ahora.

La Ley Vasca de Vivienda de 2015 introdujo el concepto de las cooperativas de vivienda en cesión de uso y en la tercera disposición adicional de esta ley se incluyó la promoción y adquisición de conjuntos residenciales por asociaciones sin ánimo de lucro en régimen de cesión de uso. Aunque ya entonces se pusieron unos pliegos administrativos a disposición de las asociaciones que así quisieran solicitarlo, ha sido a finales de 2017 cuando se ha anunciado la primera actuación concreta de adquisición de solar[197] (en Txomin Enea, Donostia) y adjudicación a una asociación sin ánimo de lucro en régimen de cesión de uso.

El alcance real de esta iniciativa política que fomenta este tipo acceso a la vivienda, podrá ser constatado a lo largo del desarrollo del Plan Director de Vivienda 2018-2020, que como hemos mencionado, otorga a esta fórmula jurídica de cooperativa de vivienda una gran importancia, facilitando y promoviendo su implantación y consolidación. Por tanto, todo ello implicaría un cambio cualitativo muy importante, pasando del surgimiento minoritario y esporádico de este tipo de proyectos en el contexto de Euskadi y de España de iniciativas en ciertos sectores alternativos de ciudadanía activa, generalmente comprometida social y políticamente (como son el caso de Entrepatios, Trabensol y otras iniciativas en el contexto español), a ser una fórmula que puede adquirir rango de política pública de vivienda en Euskadi, desde que se realizan actuaciones institucionales concretas de fomento de las cooperativas de vivienda.

Bibliografía

Allen, J., J., Barlow, J. Leal, T. Maloutas, and L. Padovani (2004), Housing and Welfare in Southern Europe, London, Blackwell Publishing.

Bouchard, M.J. (2005): De l'expérimentation à l'institutionnalisation positive, l'innoovation sociale dans le logement communautaire au Québec, *CRISES, Collection Etudes theoriques* nº ET0511, Québec.

Cano, G., Etxezarreta, A., Dol, K. and J. Hoekstra (2013): "From housing bubble to repossessions: Spain compared to other West European countries", *Housing Studies*, 28:8, 1197-1217

Durrett, C. (2015): *El Manual del Senior Cohousing*, traducido por Asociación Jubilares, Dykinson, Madrid.

Emakunde (2016): *Arquitecturas del Cuidado*, Instituto Vasco de la mujer, Vitoria-Gasteiz.

Esping Andersen, G. (2000), *Fundamentos sociales de las economías postindustriales*, Ariel, Barcelona.

Etxezarreta, A. (2007), *EAEko etxebizitza sistema eta politika Europako testuinguruan*, Euskal Herriko Unibertsitatea, doktorego tesiak saila, Bilbo.

Etxezarreta, A. y Etxezarreta, E. (2007), EAEko etxebizitza-kooperatibak: argi eta ilunak, *Revista Vasca de Economía Social*, nº 3, 2007, 145-162.7

Etxezarreta, A. y Merino, S. (2013): "Las cooperativas de vivienda como alternativa al problema de la vivienda en la actual crisis económica", *REVESCO, Revista de Estudios Cooperativos*, vol. 113, 92-119.

Etxezarreta, A. et al. (2015): "Social innovation and social economy: a new framework in the Spanish housing context", paper presented at *ENHR conference* in Lisbon 2015.

Etxezarreta, A, Cano, G. y S. Merino (2016), "Las cooperativas de cesión de uso y el cohousing en España", ponencia presentada en el *congreso de CIRIEC-España*, Valencia, de 19 a 21 de octubre de 2016.

Etxezarreta, A., Merino, S., Cano, G. Dol, K., & J. Hoekstra (forthcoming), "The emergence of housing cooperatives in

Spain", in *Affordable Housing Governance and Finance in Europe: Innovations, new partnerships and comparative perspectives*, Routlegde/Taylor & Francis.

Fajardo, G. (2013): "Respuestas cooperativas a necesidades de alojamiento", en www.viviendacooperativa.eu

Guilardi (2016): "El cooperativismo de vivienda en Uruguay y Brasil como parte integrante de la economía social", Comunicación presentada en el Congreso Ciriec España, 19-21 de octubre 2016, Valencia.

Hoekstra, J, Heras, I., and A. Etxezarreta (2009), Recent changes in Spanish housing policies: subsidized owner-occupancy dwellings as a new tenure sector?, Journal of Housing and the Built Environment 25: 125-138.

Merino, S. (2012): "La cooperativa de viviendas como administradora de bienes comunes", Comunicación presentada en *VII Congreso Internacional Rulescoop* 5-7 de septiembre 2012 en Valencia.

Módenes, J. A., y J. Lopez-Colas (2012): "El sistema residencial: un esquema conceptual para entender la relación dinámica entre población y vivienda en España", *Papers de Demografia*, 400, 1-30.

----------. (2014), "Recent demographic change and housing in Spain: towards a new housing system?" *Revista española de investigaciones sociologicas*, nº 148, 103-134.

Observatorio de la Realidad Social (2016), *Prospección de buenas prácticas en políticas de vivienda en el ámbito regional y local de la Unión Europea*. Gobierno de Navarra, Ikei.

Observatorio Vasco de la Vivienda (2012): *La política de vivienda y las cooperativas de vivienda en Europa*, Vitoria-Gasteiz

----------. (2015): *Informe sobre las cooperativas y la promoción de VPP*, Vitoria-Gasteiz.

Otxoa-Errarte (2016): "Reforma del régimen de las cooperativas de viviendas en Euskadi: de la promoción especulativa encubierta a la cooperativa con cesión de uso", Comunicación presentada en el Congreso Ciriec España, 19-21 de octubre 2016, Valencia.

Pareja Eastaway, M. y M.T. Sanchez Martinez (2015): "El retorno del alquiler en España", *Temas para el debate*, nº 252, 44-46.

Salinas, F. y J.J. Sanz (2003): *Las cooperativas de viviendas en España. Desafíos de presente y futuro,* Publicaciones Universidad Católica de Ávila.

Notas

[1] Actividad realizada en el marco del Grupo de Investigación "Gizarte Ekonomia eta bere Zuzenbidea", GIU17/052, del Instituto GEZKI, Universidad del País Vasco/Euskal Herriko Unibertsitatea (UPV/EHU).
[2] En este caso los principios acordados fueron los siguientes: i) The primacy of the individual and the social objective over capital; ii) Voluntary and open membership; iii) Democratic control by the membership (does not concern foundations as they have no members); iv) The combination of the interests of members/users and/or the general interest; v) The defence and application of the principle of solidarity and responsibility; vi) Autonomous management and independence from public authorities; vii) Most of the surpluses are used in pursuit of sustainable development objectives, services of interest to members or the general interest.
[3] A través de esta metodología la Economía Social se divide en dos subsectores, la de mercado y la de no mercado, y esta metodología es tremendamente válida para realizar estadísticas fiables de las actividades económicas de acuerdo con el sistema de cuentas nacionales. Hoy en día es la Comisión Europea la que establece ya un manual llamado "*Manual for drawing up the Satellite Accounts of Companies in the Social Economy (co-operatives and mutual societies)*", donde establece las cuentas satélite de cooperativas y mutuas basado en las cuentas diseñadas en España, en Bélgica y en Serbia Macedonia en el 2011.
[4] http://www.coceta.coop/
[5] https://www.confesal.org/WEB/index.php
[6] http://www.cepes.es/
[7] https://www.konfekoop.coop/?idioma=es
[8] http://asle.es/
[9] http://www.ehlabe.org/
[10] http://www.gizatea.net/
[11] https://www.economiasolidaria.org/reas-euskadi
[12] https://www.eges.eus/es-eges
[13] http://www.cepesnavarra.org/
[14] *http://www.anel.es/*
[15] http://ucan.es/
[16] http://www.centrosdeinsercion.org
[17] http://www.economiasolidaria.org/reasnavarra
[18] http://www.csce-ekgk.coop/es/
[19] http://www.gezki.eus

[20] http://www.mondragon.edu/eu/huhezi/ikerketa/ikerketa-taldeak/lanki
[21] http://derecho.deusto.es/cs/Satellite/derecho/es/instituto-de-estudios-cooperativos-0
[22] https://www.ehu.eus/es/web/economiasocialysolidaria/aurkezpena
[23] http://www.euskonews.com/0664zbk/elkar_eu.html
[24] http://hemen-herrikoa.org/
[25] http://www.euskonews.com/0492zbk/ebooks49204eu.html
[26] http://www.argia.eus/argia-astekaria/1760/arrapitz-federazioa
[27] https://www.economie.gouv.fr/
[28] Para la consulta de estudios comparativos ver: José Luis Monzón eta Rafael Chaves, 2017; 2012; Juan Carlos Perez de Mendiguren, Enekoitz Etxezarreta eta Luis Guridi, 2009; José Luis Monzón, 2006.
[29] Defined in the United Nations *Handbook on Nonprofit Institutions in the System of National Account* as NPIs, or nonprofit institutions.
[30] Para el enfoque neoclásico la economía se entiende como una ciencia aparte del resto de las ciencias sociales y de las ciencias naturales, aislada, donde su interés fundamental es maximizar los intereses individuales en los mercados autorregulados. Esta interpretación está fuera de cualquier consideración ética, ya que no pone en cuestión entre otros aspectos, ni las preferencias de las personas individuales ni la legitimidad del origen de las rentas recibidas por dichas personas.
[31] Si se quiere profundizar en la función política de la Economía Social, ver: José Luis Coraggio, 2012; Juan Carlos Perez de Mendiguren y Enekoitz Etxezarreta, 2015.
[32] Actividad realizada en el marco del Grupo de Investigación "Gizarte Ekonomia eta bere Zuzenbidea", GIU17/052, del Instituto GEZKI, Universidad del País Vasco/Euskal Herriko Unibertsitatea (UPV/EHU).
[33] Art. 10.25 de la Ley Orgánica 3/1979, de 18 de diciembre, de Estatuto de Autonomía para el País Vasco (EAPV).
[34] Art. 56 de la Ley Orgánica 13/1982, de 10 de agosto, de reintegración y amejoramiento del Régimen Foral de Navarra (LORAFNA).
[35] Art. 44.27 LORAFNA; art. 10.23 EAPV.
[36] Art. 44.27 LORAFNA; art. 10.23 EAPV.
[37] Art. 44.19 LORAFNA; art. 10.13 EAPV.
[38] Art. 44.20 LORAFNA; art. 10.13 EAPV.
[39] Art. 10.21 EAPV.
[40] Proyecto de Estatuto de la mutualidad europea, cuya primera propuesta se recogió en (COM(1991)0273); Proyecto de Estatuto de la asociación europea, propuesta originaria recogida en DO C99 de 21.4.1992; Proyecto de Estatuto de la fundación europea, propuesto en COM/2012/035 final - 2012/0022 (APP).
[41] Reglamento (CE) nº 1435/2003 del Consejo, de 22 de julio de 2003, relativo al Estatuto de la sociedad cooperativa europea.
[42] Directiva 2003/72/CE del Consejo, de 22 de julio de 2003, por la que se completa el Estatuto de la sociedad cooperativa europea en lo que respecta a la implicación de los trabajadores. Se trata de garantizar que haya información,

consulta, participación, u otro mecanismo, a escala transnacional, mediante el cual los representantes de trabajadoras y trabajadores puedan influir en las decisiones que se adopten en la empresa cooperativa.

[43] Reglamento (CE) nº 2157/ 2001.

[44] Reglamento (CEE) nº 2137/85 del Consejo.

[45] Fici, A., "La sociedad cooperativa europea: cuestiones y perspectivas", Revista jurídica de economía social y cooperativa, CIRIEC-España, 25, 2014, pág. 27.

[46] Los principios ACI se establecieron en 1995, y la ley francesa es de 1947, lo que puede explicar que no se enumeren expresamente los principios de autonomía e independencia (4º principio ACI); y de interés por la comunidad (7º principio ACI).

[47] La Unión es una figura expresamente prevista en la Ley 2014-856.

[48] Que nace con el Decreto nº 76-667 del 16 de julio de 1976.

[49] Ley de 1 de julio de 1901, relativa al contrato de asociación.

[50] Art. 18 de la Ley N ° 87-571 de 23 de julio de 1987 sobre el desarrollo del mecenazgo.

[51] La lista es abierta, porque concluye con una mención genérica a cualquier otra entidad con normativa específica que se rija por los principios de la economía social.

[52] Paz Canalejo, N., Comentario sistemático a la Ley 5/2011, de Economía Social, Tirant lo Blanch, 2012, págs. 101-102.

[53] Art. 41 de la Ley 20/2015, de 14 de julio, de ordenación, supervisión y solvencia de las entidades aseguradoras y reaseguradoras.

[54] Hay que matizar que no todas las mutualidades actúan de manera complementaria con respecto a la seguridad social, porque se prevé la previsión alternativa en el supuesto de mutualidades de colegios profesionales (disposición adicional decimoctava y disposición adicional decimonovena del Real Decreto Legislativo 8/2015, de 30 de octubre, por el que se aprueba el texto refundido de la Ley General de la Seguridad Social).

[55] Art. 43 de la Ley 20/2015, de 14 de julio, de ordenación, supervisión y solvencia de las entidades aseguradoras y reaseguradoras.

[56] Art. 2 de la Ley 50/2002, de 26 de diciembre, de Fundaciones.

[57] Art. 5 de la Ley Orgánica 1/2002, de 22 de marzo, reguladora del Derecho de Asociación.

[58] Art. 1 de la Ley 44/2015, de 14 de octubre, de Sociedades Laborales y Participadas.

[59] Art. 4 de la Ley 44/2007, de 13 de diciembre, para la regulación del régimen de las empresas de inserción.

[60] Art. 43 del Real Decreto Legislativo 1/2013, de 29 de noviembre, por el que se aprueba el Texto Refundido de la Ley General de derechos de las personas con discapacidad y de su inclusión social.

[61] Art. 1 del Real Decreto 1776/1981, de 3 de agosto, por el que se aprueba el estatuto que regula las sociedades agrarias de transformación.

[62] Art. 2 de la Ley Foral 14/2006, de 11 de diciembre, de Cooperativas de Navarra.

[63] Art. 1 de la Ley 4/1993, de 24 de junio, de Cooperativas de Euskadi.
[64] Art. 1 de la Ley 5/2012, de 23 de febrero, sobre Entidades de Previsión Social Voluntaria.
[65] Art. 2 de la Ley 9/2016, de 2 de junio, de Fundaciones del País Vasco.
[66] Art. 3 de la Ley 7/2007, de 22 de junio, de Asociaciones de Euskadi.
[67] Art. 1 de la Ley 16/1998, de 25 junio, de Cofradías de Pescadores.
[68] Hay doctrina especializada en la materia que sostiene su inclusión en el ámbito de la economía social, por cumplir con sus principios, como indican Botana Agra, M.J., y Millán Calenti, R.A., "Cofradías de pescadores", Revista jurídica de economía social y cooperativa, CIRIEC-España, 29, 2016, págs. 117-146.
[69] www.oves-geeb.eus
[70] *"El Parlamento Vasco propone a las administraciones públicas que lideren los pasos necesarios para llegar a la creación de un organismo (instituto, fundación u observatorio) que reúna a todos los agentes de la economía social y a las instituciones (Gobierno, Diputaciones y Ayuntamientos) para el análisis permanente del estado de la economía social vasca, su cuantificación y coyunturas, con el fin de abordar los problemas que le afectan y sus necesidades inmediatas y de futuro."*
[71] https://www.boe.es/diario_boe/txt.php?id=BOE-A-2011-5708
[72] https://www.boe.es/diario_boe/txt.php?id=BOE-A-2011-5708
[73] *"1. Forman parte de la economía social las cooperativas, las mutualidades, las fundaciones y las asociaciones que lleven a cabo actividad económica, las sociedades laborales, las empresas de inserción, los centros especiales de empleo, las cofradías de pescadores, las sociedades agrarias de transformación y las entidades singulares creadas por normas específicas que se rijan por los principios establecidos en el artículo anterior. 2. Asimismo, podrán formar parte de la economía social aquellas entidades que realicen actividad económica y empresarial, cuyas reglas de funcionamiento respondan a los principios enumerados en el artículo anterior, y que sean incluidas en el catálogo de entidades establecido en el artículo 6 de esta Ley. 3. En todo caso, las entidades de la economía social se regularán por sus normas sustantivas específicas."*
[74] Ley 6/2016, de 4 de mayo, de la economía social de Galicia.
https://www.boe.es/buscar/doc.php?id=BOE-A-2016-5943
[75] https://www.boe.es/buscar/doc.php?id=BOE-A-1978-31229
[76] *"2. Los poderes públicos promoverán eficazmente las diversas formas de participación en la empresa y fomentarán, mediante una legislación adecuada, las sociedades cooperativas. También establecerán los medios que faciliten el acceso de los trabajadores a la propiedad de los medios de producción."*
[77] Competencia que con carácter exclusivo le atribuía el art. 10.23 del Estatuto de autonomía para la CAE, mediante LO 3/1979, de 18 de diciembre
[78] *"3. Las materias no atribuidas expresamente al Estado por esta Constitución podrán corresponder a las Comunidades Autónomas, en virtud de sus respectivos Estatutos. La competencia sobre las materias que no se hayan asumido por los Estatutos de Autonomía corresponderá al Estado, cuyas normas prevalecerán, en caso de conflicto, sobre las de las Comunidades Autónomas en todo lo que no esté atribuido a la exclusiva competencia de éstas. El derecho estatal será, en todo caso, supletorio del derecho de las Comunidades Autónomas."*

[79] Andalucía, Aragón, Asturias, Baleares, Cantabria, Castilla La Mancha, Castilla y León, Cataluña, Extremadura, Galicia, La Rioja, Madrid, Murcia, Navarra, País Vasco y Valencia.
[80] https://www.boe.es/buscar/act.php?id=BOE-A-1999-15681
[81] Ley General de Cooperativas 3/1987, de 2 de abril
[82] https://www.boe.es/buscar/pdf/2012/BOE-A-2012-2011-consolidado.pdf
[83] Destacar la Ley 1/2000, de 29 de junio, de modificación de la LGC; Ley 8/2006, de 1 de diciembre, de segunda modificación de la LGC; Ley 6/2008, de 25 de junio, de la Sociedad Cooperativa Pequeña de Euskadi
[84] Decreto 58/2005 por el que se aprueba el Reglamento de la Ley de Cooperativas de Euskadi; Decreto 59/2005 que aprueba el Reglamento de Organización y Funcionamiento del RCE; Decreto 61/2000 que regula las Coop. De Iniciativa Social; Reglamento de resolución de conflictos
[85] https://www.boe.es/buscar/doc.php?id=BOE-A-1986-10626
[86] https://www.boe.es/buscar/doc.php?id=BOE-A-1997-6258
[87] Propiciado por la reforma del derecho de sociedades iniciado con la Ley 19/1989 de 25 de julio de reforma parcial y adaptación a la legislación mercantil a las Directivas de la CEE en materia de sociedades, que supuso un impulso decisivo a la Sociedad de Responsabilidad Limitada
[88] https://www.boe.es/diario_boe/txt.php?id=BOE-A-2015-11071
[89] Artículo 19 de la Ley 44/2015 de Sociedades Laborales y Participadas
[90] Pablo Moratalla, "Los Centros Especiales de Empleo: un buen ejemplo ante la crisis económica" Economía Social Vasca y Crisis Económica, Evolución entre 2009-2013, 2015: 74
[91] Art. 5 de la Ley 5/2011, de Economía Social
[92] https://www.boe.es/buscar/doc.php?id=BOE-A-1982-9983
[93] https://www.boe.es/buscar/act.php?id=BOE-A-2003-22066
[94] https://www.boe.es/buscar/act.php?id=BOE-A-2007-22293
[95] https://www.boe.es/buscar/act.php?id=BOE-A-2011-13241
[96] https://www.boe.es/buscar/doc.php?id=BOE-A-2013-12632
[97] https://www.boe.es/buscar/doc.php?id=BOE-A-1985-25591
[98] Son aquellos promovidos por entidades sociales y del Tercer Sector, pioneros en la generación de empleo para personas con discapacidad mediante la fórmula del empleo protegido, especialmente para el colectivo con discapacidad con mayores necesidades de apoyo como son las personas con discapacidad intelectual, enfermedad mental, discapacidad física y sensorial con un grado de discapacidad igual o superior al 65%.
[99] https://www.boe.es/buscar/act.php?id=BOE-A-2007-21492
[100] http://www.legegunea.euskadi.eus/x59-preview/es/contenidos/decreto/bopv200806515/es_def/index.shtml
[101] *"1. A los efectos del presente Decreto, tendrán la consideración de empresas de inserción aquellas estructuras productivas de bienes o servicios que tengan como fin la incorporación al mercado laboral de colectivos en situación de desventaja social o exclusión y lleven a cabo un proyecto personal de inserción mediante un proceso de aprendizaje adecuado que contemple la consecución de habilidades sociales, laborales, formación básica, cualificación laboral y*

conocimientos del mercado que les permitan mejorar sus condiciones de empleabilidad, y cumplan los requisitos establecidos en el párrafo siguiente."

[102] *"Las entidades de la economía social actúan en base a los siguientes principios orientadores:*
a) Primacía de las personas y del fin social sobre el capital, que se concreta en gestión autónoma y transparente, democrática y participativa, que lleva a priorizar la toma de decisiones más en función de las personas y sus aportaciones de trabajo y servicios prestados a la entidad o en función del fin social, que en relación a sus aportaciones al capital social.
b) Aplicación de los resultados obtenidos de la actividad económica principalmente en función del trabajo aportado y servicio o actividad realizada por las socias y socios o por sus miembros y, en su caso, al fin social objeto de la entidad.
c) Promoción de la solidaridad interna y con la sociedad que favorezca el compromiso con el desarrollo local, la igualdad de oportunidades entre hombres y mujeres, la cohesión social, la inserción de personas en riesgo de exclusión social, la generación de empleo estable y de calidad, la conciliación de la vida personal, familiar y laboral y la sostenibilidad.
d) Independencia respecto a los poderes públicos."

[103] Artículo 20.1 de la Declaración Universal de los Derechos Humanos; Artículo 22 de la Constitución Española de 1978

[104] Canarias, Andalucía, Euskadi, Cataluña y Comunidad Valenciana

[105] https://www.boe.es/boe/dias/2012/03/13/pdfs/BOE-A-2012-3547.pdf

[106] https://www.boe.es/buscar/pdf/2011/BOE-A-2011-16287-consolidado.pdf

[107] https://www.boe.es/buscar/act.php?id=BOE-A-1978-31229

[108] *"La Comunidad Autónoma del País Vasco tiene competencia exclusiva en las siguientes materias: 13. Fundaciones y Asociaciones de carácter docente, cultural, artístico, benéfico, asistencial y similares, en tanto desarrollen principalmente sus funciones en el País Vasco."*

[109] https://www.boe.es/boe/dias/2012/02/04/pdfs/BOE-A-2012-1683.pdf

[110] https://www.boe.es/buscar/doc.php?id=BOE-A-2016-6088

[111] https://www.boe.es/boe/dias/2015/07/24/pdfs/BOE-A-2015-8273.pdf

[112] Government of Navarre, Comprehensive Social Economy Plan

[113] http://eur-lex.europa.eu/legal-content/ES/TXT/HTML/?uri=CELEX:52011DC0682&from=EN

[114] Terjesen, S., Lepoutre, J. , Justo, R. y Bosma, N. 2011. Global Entrepreneurship Monitor Report en Social Entrepreneurship. http://www.gemconsortium.org/about.aspx?page=pub_gem_special_topic_reports.

[115] Definido en este contexto como «una actividad con un objetivo social, medioambiental o de interés general. Esto puede consistir en la prestación de servicios o la impartición de formación a personas socialmente desfavorecidas o discapacitadas, en la utilización de los beneficios para objetivos de tipo social, en la organización de grupos de ayuda mutua para una acción de interés general, etc.», ibid., p. 44.

[116] http://ec.europa.eu/growth/sectors/social-economy_en

[117] https://ec.europa.eu/growth/smes/business-friendly-environment/small-business-act_en

[118] http://publications.europa.eu/en/publication-detail/-/publication/12d044fe-617a-4131-93c2-5e0a951a095c

[119] http://eur-lex.europa.eu/legal-content/ES/TXT/HTML/?uri=CELEX:52011DC0682&from=EN
[120] Véase punto 3.1 del COM/2011/0682.
[121] Véase más información en https://ec.europa.eu/info/law/european-social-entrepreneurship-funds-eusef-regulation-eu-no-346-2013_en . En este momento existe una propuesta legislativa para modificar y facilitar el funcionamiento de estos fondos (COM/2016/0461 final - 2016/0221 (COD) http://eur-lex.europa.eu/legal-content/EN/TXT/?uri=COM:2016:0461:FIN).
[122] https://ec.europa.eu/commission/commissioners/2014-2019/katainen/announcements/juncker-plan-supports-400-microbusinesses-luxembourg_en
[123] http://ec.europa.eu/growth/tools-databases/newsroom/cf/itemdetail.cfm?item_id=5479&lang=en
[124] http://ec.europa.eu/social/main.jsp?catId=836&langId=en
[125] http://ec.europa.eu/regional_policy/sources/docgener/informat/2014/guidance_social_economy.pdf
[126] Ver página 135 de PO FSE Navarra: http://repositori.uji.es/xmlui/bitstream/handle/10234/167831/P.O._FSE_14-20_NAVARRA.pdf?sequence=1
[127] http://ec.europa.eu/social/main.jsp?langId=en&catId=89&newsId=2149&furtherNews=yes
[128] file:///C:/Users/Navarra/Downloads/150121-extract-from-a-map-of-social-enterprises-and-their-ecosystems-report_en.pdf
[129] http://s3platform.jrc.ec.europa.eu/documents/20182/84453/Guide_to_Social_Innovation.pdf
[130] Sinnergiak Social Innovation (UPV-EHU) es parte del consorcio.
[131] https://ec.europa.eu/growth/single-market/public-procurement/rules-implementation en ("Under the new rules, public procurement procedures will also help public purchasers to implement environmental policies, as well as those governing social integration and innovation").
[132] Véase documento resumen de la Comisión sobre las posibilidades de fomento de la Economía Social utilizando la contratación pública: http://ec.europa.eu/DocsRoom/documents/12965/attachments/6/translations
[133] Ver estudio sobre posibilidades en Servicios de Interés General: http://ec.europa.eu/competition/publications/cpn/2012_1_9_en.pdf y http://ec.europa.eu/competition/state_aid/overview/new_guide_eu_rules_procurement_en.pdf y http://ec.europa.eu/DocsRoom/documents/14608/attachments/48/translations (presentación ppt).
[134] https://ec.europa.eu/digital-single-market/en/collective-awareness
[135] http://www.horizon2020.es/instrumento-pyme/
[136] Ejemplo, Erasmus+ SIRCle http://www.sircle-project.eu/: The Social Innovation for Resilient Communities (SIRCle) project uses adult education and a training curriculum known as 'The Evoneers' Journey' to address one of the most pressing needs of our time, namely to combine our commitment to the wellbeing

of the planet and to a more sustainable society with our ability to be financially sustainable.

[137] https://ec.europa.eu/growth/industry/innovation/policy/social/competition_en

[138] http://ec.europa.eu/research/horizonprize/index.cfm?prize=social-innovation

[139] http://ec.europa.eu/regional_policy/en/regio-stars-awards

[140] https://institute.eib.org/social-innovation-tournament-2

[141] http://www.europarl.europa.eu/pdf/intergroupes/VIII_LEG_20_Social%20economy.pdf

[142] Social Economy, Directorate General for Internal Policies, European Parliament, IP/A/IMCO/2015-08, 2016. http://www.europarl.europa.eu/RegData/etudes/STUD/2016/578969/IPOL_STU(2016)578969_EN.pdf

[143] http://www.socialeconomy.eu.org/blog/european-parliament-debates-european-action-plan-social-economy

[144] Este trabajo es parte de la investigación de Jon Morandeira (2013) que se utilizó como base en la Mesa Redonda de la "Políticas públicas para el fomento de la Economía Social. Realidad, retos, y oportunidades" de las Jornadas de Economía Social "La realidad de la Economía Social en la Euroregión: una mirad transfronteriza" organizado por GEZKI de la UPV/EHU en colaboración con el Gobierno Vasco, el Gobierno de Navarra y el Center for Basque Studies of the University of Nevada.

[145] Actividad realizada en el marco del Grupo de Investigación "Gizarte Ekonomia eta bere Zuzenbidea", GIU17/052, del Instituto GEZKI, Universidad del País Vasco/Euskal Herriko Unibertsitatea (UPV/EHU).

[146] Este trabajo es parte de la investigación de Jon Morandeira (2013) que se utilizó como base en la Mesa Redonda de la "Políticas públicas para el fomento de la Economía Social. Realidad, retos, y oportunidades" de las Jornadas de Economía Social "La realidad de la Economía Social en la Euroregión: una mirad transfronteriza" organizado por GEZKI de la UPV/EHU en colaboración con el Gobierno Vasco, el Gobierno de Navarra y el Center for Basque Studies of the University of Nevada.

[147] Asimetrías de información, las asimetrías en la financiación, los problemas ligados a la formación de capital humano, los problemas de asignación de recursos en los procesos de innovación tecnológica y organizativa, y los problemas de acceso a los mercados públicos e internacionales (Antonio Fonfría, 2006).

[148] Estas medidas legislativas están muy relacionadas con el reconocimiento de la Economía Social cono Actor Privado, pero dado su carácter económico parece más apropiado diferenciarlas de aquellas.

[149] Es más, es conveniente hacerlo ya que valida la posterior inclusión de criterios de adjudicación o condiciones de ejecución de carácter social (Lesmes y Rodríguez, 2010: 45).

[150] Excepto la reserva de contratos para las empresas de inserción y los centros especiales de empleo.
[151] Por ejemplo, la integración de la consecución de beneficios a la comunidad, retorno social, en la contratación pública aumentaría las posibilidades de las entidades de Economía Social pero no se reserva el contrato a las mismas (Moschitz, 2004: 37).
[152] Un análisis detallado de estas herramientas se puede consultar en Guillem López Casanovas (dir.) (2003): *Los nuevos instrumentos de gestión pública*, Servicios de Estudios la Caixa, Barcelona.
[153] El autor, junto con G. Guillat y S. Ségas, realizó un primer estudio cualitativo en 2004-2006 con quince cooperativas de trabajo asociado del País Vasco francés. Se entrevistó a responsables, directores ejecutivos o directores financieros de SCOP (*sociétés cooperatives ouvrières de production*). En 2004, el autor también asistió a las reuniones periódicas de la asociación *Sorlan*, cuyo objetivo era promover el cooperativismo en el País Vasco francés. El estudio se complementó con entrevistas con la Unión Regional de SCOP y la CRESS Aquitaine, y con varias visitas a *Mondragón*. Estos datos fueron actualizados en 2010-2013 con un enfoque transfronterizo, englobando a las regiones vascas francesa y española y en el marco del programa de investigación ESSAQUI sobre la institucionalización de la economía social en la región de Aquitania (2015-2019) (véase apartado de *Agradecimientos*).
[154] Tomados por separado, el primer planteamiento o enfoque hace mucho hincapié en la dimensión comunitaria y aísla iniciativas locales de mecanismos de mercado, mientras que el segundo enfoque, centrado principalmente en sistemas de producción postfordistas (distritos industriales, una economía urbana de los servicios, alta tecnología), tiende a otorgar una importancia exclusiva a las historias de éxito regionales (Bekemans, 1989).
[155] Salamon y Anheier (1995) incluyen en el *sector sin ánimo de lucro* a organizaciones que presentan una constitución formal, una condición jurídicamente privada, la presencia de una forma de autogobierno, la no redistribución de beneficios, y la presencia de voluntarios. Según Laville (2000), la condición de voluntario puede excluir a sectores de la economía social tradicional, como las cooperativas de trabajo asociado y las mutuas, que pueden redistribuir el beneficio a sus miembros de manera limitada y son creadas en nombre del interés general y/o mutuo.
[156] Experiencias cooperativas previas mostraron diferentes contextos ideológicos. Una imprenta cooperativa fundada en Bayona en 1905 – la SCOP más antigua de Aquitania - constituye un ejemplo de la alianza entre el anarcosindicalismo y una empresa familiar, sin referencias a la identidad vasca. Igualmente, en la década de 1930, fabricantes de sandalias crearon una cooperativa de trabajo asociado promovida por el sindicato CGT (Confédération Générale du Travail) de izquierdas en la pequeña ciudad industrial de Mauléon. Las primeras cooperativas de pescadores también fueron creadas por la CGT en 1916 en Saint-Jean-de-Luz. Las cooperativas de agricultores estuvieron, por el contrario, muy marcadas por el catolicismo social.

[157] Confédération Française du Travail.
[158] Parti Socialiste Unifié.
[159] El economista Fourquet insiste en esta cuarta dimensión en la provincia de Sola (Zuberoa, en euskera), sin sobreestimarla: una predisposición hacia el debate con vistas a alcanzar acuerdos sobre el modelo de la *artzainbideka* (un derecho consuetudinario entre pastores que se reúnen antes de cada temporada para fijar la parte correspondiente que tiene cada uno en la empresa); anexo al derecho común de la *etxaltia* (hogar) y la *premü* (la ventaja otorgada al heredero elegido tanto por los hermanos como las hermanas, previo pago de la *etxaltia*); la tradición de la asamblea del valle (*silviet*) adoptando la forma moderna de una asamblea general para la planificación del desarrollo, y la gestión colectiva habitual de la *cayolar* (la unidad productiva colectiva de los pastores de montaña) (Fourquet, 1998, pág. 98, traducido del francés). También con respecto a Sola, Fernández de Larrinoa (2009) ha observado una continuidad entre las instituciones consuetudinarias de pastores para la gestión colectiva de los pastos de verano y la producción de leche y queso (*olha*), y una nueva cooperativa (Azkorria, fundada en 2006) que fue ideada para facilitar la producción de queso y, sobre todo, su comercialización.
[160] Se utilizan estas iniciales para preservar el anonimato del entrevistado.
[161] Entrevista traducida del euskera.
[162] *Ibídem.*
[163] *Ibíd.*
[164] Estatutos de la asociación *Lana*, traducidos del francés (archivos privados).
[165] Artículo 7, Estatutos de *Lana.*
[166] Entrevista, Hasparren.
[167] Entrevista, Mauléon. Un modelo de cultura organizativa (Di Maggio, 1994) podría ayudar a evaluar la aplicación de los principios. Los socioeconomistas que han analizado doce SCOP en la región de *Rhône-Alpes* han propuesto cuatro perfiles caracterizados por una *lógica de la colaboración* que pretende inicialmente conciliar la protección del empleo, la cualificación profesional y la democracia interna; por una *lógica profesional* centrada en la cualificación y la autonomía profesionales; por una *lógica industrial* en la que prevalece la protección del empleo; o una *lógica financiera* cuando el peso de los financiadores puede llevar a las empresas hacia la instrumentalización del empleo, o cuando las filiales son utilizadas para aumentar el valor del trabajo y del rendimiento (Cassier et al., 2003).
[168] Entrevista, Bayona.
[169] En 2017, el *Pyrénées-Atlantiques département* ocupó el segundo puesto en (la antigua) Aquitania (ocupó el primero en 2010) en cuanto a número de cooperativas de trabajo asociado (SCOP y SCIC), con 45 de un total de 146. 31 (28 en 2010) cooperativas de trabajo asociado se encontraban en el País Vasco y 14 (11 en 2010) en Bearne, a pesar de que la región de Bearne está más poblada que el País Vasco. El número de miembros era notablemente elevado. Las SCOP vascofrancesas son empresas bastante pequeñas (entre 2 y 92 empleados, que representan una media de 18 por cooperativa) y están presentes en varios

sectores: impresión, equipos eléctricos y telefónicos, cableado electrónico, fertilizantes, productos farmacéuticos, fundición y moldeo industriales, servicios y comercio, medios de comunicación y cultura (URSCOP Aquitaine, http://www.scop-aquitaine.coop/sites/fr/unions-regionales/les-scop-aquitaine/. Consulta realizada el 19.12.2017).

[170] De hecho, desde 2004, *Alki* ocupó una posición más sólida en el sector de la fabricación de muebles en Francia, lo cual, con independencia de la proximidad cultural y política, no ocurrió en el País Vasco español porque sus productos no estaban adaptados al mercado español.

[171] La empresa fue finalmente adquirida por el grupo Mondragón pero no mantuvo su condición de cooperativa.

[172] Esta inicial sirve para preservar el anonimato de la empresa.

[173] En 2000, Maier tuvo que abrir una unidad de producción en Lichfield (Reino Unido) para estar lo más próxima posible de los clientes. Esto dio lugar a controversias en torno a la condición de los trabajadores - ¿asalariados individuales o miembros de pleno derecho de la cooperativa? – en el Reino Unido (*The Guardian*, 2001) y en el País Vasco español, porque varios cooperantes de Gernika se mostraban reacios a ir a trabajar a Lichfield.

[174] Entrevista, director de O.

[175] Société Coopérative d'Intérêt Collectif. Sociedad Cooperativa de Interés Colectivo.

[176] Neologismo, surgido de «*hezkuntza*» = formación, educación, y «*teknikoa*» = técnica.

[177] Estatutos de Hezkuntek.

[178] Un notable ejemplo de ello es el proyecto ARIPTIC, financiado por INTERREG III (2000-2006), que reagrupó a dos entidades, ARIZMENDI KOOP y INSUP. ARIZMENDI KOOP, cooperativa del grupo *Mondragón*, promueve los programas de educación y formación, en los que se hace hincapié en la enseñanza de la lengua vasca. INSUP, un organismo de formación de Aquitania, ha desarrollado sus actividades en el campo de los programas de integración de la juventud. Ambos organismos ya habían sido socios en proyectos financiados por INTERREG II o el Fondo Común Aquitania-Euskadi, que propiciaron la creación de una Agrupación Europea de Interés Económico (ARINSUP) en 2002, el primer paso hacia la Sociedad Cooperativa Europea.

[179] Mondragón Corporación Cooperativa, *Informe anual 2016*, https://www.mondragon-corporation.com/sobre-nosotros/magnitudes-economicas/informe-anual/. Consulta realizada el 20.12.2017.

[180] Actividad realizada en el marco del Grupo de Investigación "Gizarte Ekonomia eta bere Zuzenbidea", GIU17/052, del Instituto GEZKI, Universidad del País Vasco/Euskal Herriko Unibertsitatea (UPV/EHU).

[181] El Modelo de Gestión Corporativo es la herramienta general creada para homogenizar la gestión de todas las cooperativas del grupo Mondragón y sus filiales. El Modelo de Gestión Corporativo no es un plan de acción detallado ni implica su obligado cumplimiento por parte de las cooperativas del grupo, sino que proporciona unas pautas generales que cada cooperativa adapta a su contexto

particular, dirigidas a lograr una gestión empresarial que sea a la vez eficiente y consistente con la cultura corporativa de Mondragón (Mondragón, 2013).

[182] Una cooperativa mixta difiere de una cooperativa convencional fundamentalmente en la estructura de gobierno corporativo. De acuerdo con la Ley Vasca de Cooperativas, las cooperativas mixtas son aquellas que cuentan con accionistas minoritarios, cuyos derechos de voto en la Asamblea General pueden determinarse, exclusiva o preferentemente, sobre la base de sus aportaciones al capital.

[183] Los socios en comisión de servicios son aquellos que mantienen un vínculo societario con la cooperativa y prestan su trabajo en una entidad con la que la cooperativa coopera o participa.

[184] Actividad realizada en el marco del Grupo de Investigación "Gizarte Ekonomia eta bere Zuzenbidea", GIU17/052, del Instituto GEZKI, Universidad del País Vasco/Euskal Herriko Unibertsitatea (UPV/EHU).

[185] Estas cooperativas "tapadera" han nacido sin socios y los consiguen gracias a una publicidad que subraya las ventajas de las mismas, pero esconde los riesgos. Todo ello está planteando numerosos conflictos tanto ante los tribunales como ante los servicios de arbitraje.

[186] (Fajardo, 2013) en la plataforma de Vivienda Cooperativa (http://www.viviendacooperativa.eu/)

[187] También en Catalunya hay varias iniciativas al respecto (con cesión de suelo público para iniciativas de cooperativas de cesión de uso), tal y como se puede ver en la prensa:
http://eldigital.barcelona.cat/nou-concurs-public-per-impulsar-el-cohabitatge_347663.html
http://eldigital.barcelona.cat/vols-ser-cooperativista-i-construir-el-teu-habitatge_397617.html
http://ajuntament.barcelona.cat/noubarris/ca/noticia/barcelona-traurza-a-concurs-pzblic-sis-solars-municipals-per-impulsar-el-cohabitatge

[188] Como una vía intermedia entre la cooperativa en cesión de uso y la que se orienta a la propiedad, en Irlanda se está implantando el modelo de propiedad compartida que puede resultar de interés para colectivos que quisieran acceder a la propiedad pero que no cuentan con recursos suficientes. Mediante este sistema los socios de forma particular y la cooperativa de forma colectiva son dueños al 50% de la titularidad de las viviendas, favoreciendo el acceso a la financiación individual del 50% de cada socio a través de hipotecas negociadas con las entidades bancarias en condiciones preferentes (Observatorio Vasco de la Vivienda, 2012).

[189] https://en.m.wikipedia.org/wiki/Cooperative_Village

[190] A pesar de ello, muchas investigaciones aún se siguen concentrando en la tradicional dicotomía entre alquiler y propiedad de la investigación de vivienda (Pareja Eastaway y Sánchez Martínez, 2015; Módenes y López-Colas, varios)

[191] A la vista de los muchos que se han quedado por el camino, entre otros Housekide, Etxekoop (las dos iniciativas de Euskadi), etcétera.

[192] Eustat (2017), Gasto en prestaciones sociales por funciones y país (% horizontal). 2014
[193] Se realizó un viaje institucional en 2008, recorriendo determinados países europeos, donde se estudiaron los diversos sistemas de tenencia (donde destacaba el sistema Andel y las cooperativas en cesión de uso).
[194] El Tribunal Constitucional (TC) admitió a trámite el recurso del Gobierno central contra la Ley de Vivienda vasca que introdujo la expropiación temporal de pisos a los bancos, entre otras medidas, y la suspendía cautelarmente mientras decide si es o no acorde con la Constitución Española. http://politica.elpais.com/politica/2016/04/15/actualidad/1460728003_855913.
[195]https://www.berria.eus/paperekoa/1857/013/001/2017-11-24/etxebizitza_kooperatiben_eredua_probatuko_du_jaurlaritzak.htm
[196] En las jornadas de elaboración del Plan Director de Vivienda 2018-2020, celebradas el 23 de noviembre de 2017 en Bilbao, este tema ha dispuesto de un espacio propio, como tercer eje o clave que debe incorporar el PDV, el de análisis de nuevas fórmulas de acceso a la vivienda. Dicha mesa redonda contó con la participación de la Presidenta del Consejo Vasco de la Juventud, miembros de Egunsentia Aurora, hablando de potencial y claves para el desarrollo de las cooperativas en cesión de uso, y un socio de Cohousing Verde, exponiendo el potencial y las claves de desarrollo de las fórmulas de cohousing. http://www.garraioak.ejgv.euskadi.eus/r41-ovad05/es/contenidos/evento/ovv_jornada17/es_ovv_admi/ovv_a_j.html
[197] https://www.berria.eus/paperekoa/1857/013/001/2017-11-24/etxebizitza_kooperatiben_eredua_probatuko_du_jaurlaritzak.htm

Made in United States
Cleveland, OH
05 November 2026

47669893R00164